Ernst Lemcke

Textkritische Untersuchungen zu den Liedern Heinrichs von Morungen

Ernst Lemcke

Textkritische Untersuchungen zu den Liedern Heinrichs von Morungen

ISBN/EAN: 9783743351066

Hergestellt in Europa, USA, Kanada, Australien, Japan

Cover: Foto ©ninafisch / pixelio.de

Manufactured and distributed by brebook publishing software
(www.brebook.com)

Ernst Lemcke

Textkritische Untersuchungen zu den Liedern Heinrichs von Morungen

Textkritische Untersuchungen zu den Liedern Heinrichs von Morungen.

Inaugural-Dissertation

der

philosophischen Fakultät

der

Universität Jena

zur

Erlangung der Doktorwürde

vorgelegt von

Ernst Lemcke

aus Pommerensdorf.

JENA.
Druck von Ant. Kämpfe
1897.

Genehmigt von der philosophischen Fakultät der Universität Jena auf Antrag des Herrn Professor Dr. Michels.

Jena, 24. Juli 1897.

Prof. Dr. R. Eucken,
d. Z. Dekan der phil. Fakultät.

Meinen lieben Eltern.

§ 1.

Einleitung.

In des Minnesangs Frühling stehen s. 122—147 unter dem namen Heinrichs von Morungen 113 strophen, zu denen noch 2 von Lachmann als unecht in die anmerkungen verwiesene hinzukommen (s. 285 f.). Die überlieferung dieser 115 strophen bietet ein ziemlich buntes bild; denn, abgesehen von C^a (vergl. § 20), sind 6, oder wenn man E und e besonders rechnet, 7 hss. an derselben beteiligt (A mit 26, B mit 28, C mit 104, M mit 1, E, e und p mit je 4 strophen), und zwar dergestalt, dass 71 str. nur in je einer hs. erhalten sind (60 in C, je 3 in E und e, je 2 in B und p, 1 in A), 32 str. in je zwei hss. (16 in C und B, 13 in C und A, je 1 in C und E, C und e, C und M), endlich 12 str. in je drei hss. (10 in C, A und B, 2 in C, A und p). Ferner sind von jenen 115 strophen in einigen hss. 11 unter anderen namen überliefert (3 in B unter Dietmar von Aist, 4 in E unter Walther von der Vogelweide, 4 in e unter Reinmar) und 4 ohne namen (1 in M, 3 in p). Endlich weichen bei den doppelt oder dreifach überlieferten liedern die einzelnen hss. im text, sowie bezüglich der zahl und der reihenfolge der zu einem liede gehörigen strophen zum teil ganz bedeutend von einander ab.

Welche kritischen grundsätze sind nun bisher in anwendung gebracht worden, um aus dieser so getrübten tradition mit einiger sicherheit Morungens eigentum herauszuarbeiten?

Haupt hat offenbar alle hss. für gleich unzuverlässig gehalten; denn in doppelt überlieferten liedern hat er seinen text bald nach den lesarten der einen, bald nach denen der andern hs. gestaltet, wie es ihm in jedem einzelnen falle gut schien; bei dreifacher überlieferung aber scheint er, wo die varianten keine entscheidung aus inneren gründen zuliessen, dasjenige für echt gehalten zu haben, worin einem zeugnisse gegenüber die beiden andern — gleichviel, welche — übereinstimmen. So schreibt er z. b. 126, 8 nach B und C *von der elbe* (A: *von den elben*), 15 *ich dan vor liebe* (A: *mîn lîp vor wunnen*), 29 *edelkeit* (A: *werdecheit*), 34 *stêt* (A: *gêt*); dagegen 30 nach A und B *tugenden* (C: *tugende*). In v. 35, wo A offenbar das echte bewahrt hat (*wunne gar zergên*, B und C: *vroede zergên*), setzt er zwar die lesart von A in den text, bemerkt aber zu der stelle: „etwa *frëwedé zergên?*" Dabei kann er aber nicht etwa gemeint haben, in B und C (die meistens übereinstimmen) sei das lied überhaupt besser erhalten als in A; denn z. b. in den vv. 27, 36, 37, wo auch A allein gegen B und C steht, giebt er unbedenklich A den vorzug. So ist er denn auch 136, 37—38 und 137, 2 wohl nur deshalb nicht A, sondern C gefolgt, weil hier zu dem zeugnisse von C noch das von p hinzutritt.

Gegenüber diesem teils rein subjektiven teils mechanischen verfahren, durch das Haupt den mangel einer rationellen textkritik notgedrungen ersetzt hat, findet sich in Pfeiffers besprechung der Hauptschen ausgabe (Germ. III 490 f.) ein ansatz zu einer solchen, wiewohl nur in rücksicht auf einen einzelnen fall, nämlich auf eben jenes lied 126, 8. Pfeiffer macht 1) darauf aufmerksam, dass B und C hier offenbar aus einer quelle geflossen sind, also auch — A gegenüber — nur den wert eines selbständigen zeugnisses haben können; 2) weist er nach, dass in einem wichtigen falle (v. 18) A den echten, B und C einen verdorbenen text enthalten; 3) fordert er auf grund dieser beiden thatsachen, dass auch an zwei anderen stellen desselben liedes die hs. A bevorzugt werde.

Bartsch hat den text seiner deutschen liederdichter des 12. bis 14. jdts. insofern nach einem festen kritischen grundsatze gestaltet, als er „die jedesmal beste hs. zu grunde gelegt" hat; demgemäss finden sich daselbst in den auch in A erhaltenen liedern Morungens die lesarten dieser alten hs. häufiger als bei Haupt, z. B. auch in den oben angeführten vv. MF 136, 37—38 und 137, 2 (= Bartsch, liederd.[2] XIV 272 und 274). Aber freilich ist auch er noch der ansicht gewesen, dass keine hs. durchaus zuverlässig sei; weswegen er denn oft genug von der im allgemeinen zu grunde gelegten im einzelnen abzuweichen für erlaubt und nötig hielt.

Paul (beitr. II 546 ff.) und Gottschau (beitr. VII 339 ff.) haben auf dem von Pfeiffer und Bartsch betretenen wege insofern einen schritt weiter vorwärts gethan, als sie die stark von einander abweichenden textgestaltungen, in denen z. b. A und C mehrere lieder überliefern, als verschiedene „recensionen" bezeichnen; denn dieser ausdruck besagt, streng genommen, dass zwischen den einzelnen lesarten und andern besonderheiten je einer hs. ein zusammenhang angenommen werden müsse, dergestalt, dass der kritiker nur die wahl hätte, ob er der einen hs. im ganzen folgen und die andere verwerfen wolle, oder umgekehrt. Freilich hält weder Paul noch Gottschau eine solche unbedingte entscheidung zu gunsten einer von beiden „recensionen" für möglich, und daher verfahren sie im grunde nicht anders, als es Bartsch gethan hat; aber das zu lösende problem ist wenigstens von ihnen, wenn auch nicht ausdrücklich formuliert, so doch durch den gebrauch des wortes „recension" angedeutet worden.

Das problem aber ist dieses: Sind Morungens lieder in allen hss. gleich gut — oder gleich schlecht — überliefert? Oder stehen die hss. zu einander und zu dem von der textkritik zu erschliessenden originale in festen und deutlich unterscheidbaren verhältnissen? Und gesetzt, dies letztere wäre der fall: welchen wert hat jede einzelne hs. für den textkritiker?

Im folgenden soll der versuch gemacht werden, diese fragen für jeden einzelnen fall, in dem Morungische lieder in 2 oder 3 hss. abweichend überliefert sind, zu beantworten. Eine solche untersuchung ist aber dringend geboten angesichts der ergebnisse, zu denen der jüngste kritiker, Karl Schütze, in seiner arbeit „Die Lieder Heinrichs von Morungen, auf ihre Echtheit geprüft", diss., Kiel 1890, gelangt ist. Derselbe stellt sich, mit umgehung jenes problems, ausdrücklich auf den standpunkt einer völlig eklektischen kritik, leugnet von vornherein die autorität sämtlicher hss., greift dementsprechend, bei dem mangel an allen äusseren kriterien für etwaige echtheit oder unechtheit, auf lauter innere zurück und gelangt auf grund derselben zu ergebnissen, im hinblick auf welche Bielschowsky (afda XVII 304) mit recht sagt: „finden die dort gepflegten kritischen grundsätze weitere verbreitung, so wird unsere mhd. lyrik bald einem scherbenhaufen gleichen, in dem jeder nach belieben herumwühlen kann."

Folgende vorarbeiten werden in diesen untersuchungen nur mit dem namen des verfassers und der betreffenden seitenzahl angeführt werden:

Paul, kritische beiträge zu den Minnesingern, 10. Heinrich von Morungen, in Paul und Braunes beiträgen zur geschichte der deutschen sprache und litteratur II 546—550.

Gottschau, über Heinrich von Morungen, ebendaselbst VII 335—430.

Michel, Heinrich von Morungen und die Troubadours, in: Quellen und Forschungen zur Sprach- und Kulturgeschichte der germanischen Völker XXXVIII.

Burdach, Reinmar der Alte und Walther von der Vogelweide, Leipzig 1880.

Schütze, die Lieder Heinrichs von Morungen, auf ihre Echtheit geprüft, diss., Kiel 1890.

KAPITEL I.
Die handschriften A und C.

§ 2.

Die hss. A und C weichen in folgenden sechs punkten von einander ab:

1) im alter: A ist im 13., C im 14. jdt. geschrieben;

2) in der zahl der unter Morungens namen in ihnen überlieferten lieder: A enthält deren 10 mit zusammen 26 strophen, C 34 mit zusammen 104 strophen; (über A 27—29 s. § 11);

3) in der zahl der strophen innerhalb einzelner lieder: in einem falle giebt A eine strophe mehr als C, in fünf fällen C mehr strophen als A;

4) in der reihenfolge der lieder: nur zwei der in A enthaltenen lieder sind in C in derselben reihenfolge überliefert;

5) in der reihenfolge der strophen innerhalb der einzelnen lieder: nur in zwei fällen stimmen die hss. in bezug auf diesen punkt überein;

6) im text: sowohl die zahl der verschiedenen lesarten als auch der grad ihrer verschiedenheit ist — wenigstens in den meisten liedern — sehr bedeutend.

Dies alles beweist, dass in A und in C zwei von einander unabhängige sammlungen Morungischer lieder vorliegen, und es fragt sich nun, 1) ob diese sammlungen bis zu dem grade selbständig sind, dass der herausgeber eine von beiden nicht bloss zu grunde legen, sondern ausschliesslich befolgen darf, und 2) wenn dies der fall ist, welcher von beiden dieser vorzug zuerkannt werden muss. Natürlich ist die beantwortung dieser beiden fragen praktisch nicht zu trennen.

§ 3.

A 18—20, C 5—9, MF 123, 10—124, 31. Gärtner, über ein lied Heinrichs von Morungen, in: Germ. VIII 54, Paul 547, Gottschau 340, Michel 50 und 84, Werner afda VII 137, Schütze 10 und 34.

Ein blick in den kritischen apparat lehrt, dass die strophen IV und V dieses liedes in A fehlen, dass II und III in C in anderer reihenfolge überliefert sind als in A, und dass die abweichungen im texte der drei gemeinschaftlichen strophen ebenso zahlreich wie bedeutend sind. Um aber gleich mit dem letzten punkte zu beginnen, so ergiebt eine nähere betrachtung der verschiedenen lesarten, dass sich dieselben in drei klassen sondern lassen, nämlich: 1) schreibfehler; A enthält deren vier, 123, 17 *gestên* für *gestê*, 22 *ich* für *ir*, 23 *swîg* für *sunge* und 124, 1 die auslassung der worte *und den gruoz*; C ist fehlerlos geschrieben; 2) solche varianten, bei denen eine entscheidung für die eine oder die andere hs. nicht möglich ist: 123, 13 *gab* A: *bôt* C, 15 *an*: *in*, 17 *gestê*[*n*]: *bestê*, 19 *beide*:

al, 24 *nu*: *sus*, *si*: *siz*, 29 *stêt*: *zimt*, 38 *ich enhân*: *mir wart*, 124, 3 *al*: *mit*, 6 *lâ sên wer*: *wol dar swer*; 3) varianten, die eine derartige entscheidung zulassen: 123, 10 *mîn liebeste und ouch mîn êrste* A: *mîn êrste und ouch mîn leste* C, 14 *daz hoehste und ouch daz hêrste*: *diu hoehste und ouch diu beste*, 25 *wan ir ir tuot*: *und ir tete*, 26—28 *nu giht si ich sî ze lange*; *konde ich danne mê, ich sunge aber als ê*: *nu swîg aber ich ze lange*; *solde ich singen mê, daz tet ich als ê*, 30 *sich*: *mîn*, 33 *zorn*: *spot*, 36 *iuch*: *ir*, 124, 4 *lanc*: *kranc*, 7 *singe*: *singe ir*. Von einer besprechung dieser letzten klasse verschiedener lesarten muss nun die untersuchung ausgehen.

In den durch den reim gebundenen versen 123, 10 und 14 bietet A die echten lesarten. Zwar wenn Paul, von v. 14 ausgehend, sich deshalb gegen C erklärt, weil mit dem beiwort *diu beste* nicht die stellung gekennzeichnet werden könne, welche die dame im herzen des dichters einnimmt, die beste sei sie unabhängig von seiner empfindung, so erledigt sich dieser einwurf durch Werners hinweis auf eine stelle des Schenken Konrad von Landegge, MSH I 202 a: *si ist in mînes herzen veste wol diu hêrste und ouch diu beste*. Aber Gottschaus gründe gegen A und für C sind ebensowenig stichhaltig: v. 14 erklärt er in der fassung von C für ausdrucksvoller als in der von A, die er eine tautologische wendung nennt. Aber dieser vorwurf trifft nicht zu; denn *hôch* und *hêr* bedeuten zwar ähnliches, aber nicht dasselbe; (über *hêr* vergl. z. b. 126, 16 *si gebiutet und ist in dem herzen mîn frouwe und hêrer dan ich selbe sî*); und eine solche verbindung synonymer ausdrücke ist grade in Morungens liedern überaus häufig, wie sich, denn allein in unserm liede noch drei weitere beispiele von derselben art finden: 123, 19 *mîn sprechen und mîn singen*, 33 *ir zorn und ouch ir haz*, 124, 5 *âne fröide und âne wünne*. Vergl. auch Burdach 97. In v. 10 aber, meint Gottschau, „stehen die bezeichnungen *êrste* und *leste* einander schärfer und hübscher gegenüber" als *liebeste* und *êrste*. Er führt auch eine ähnliche stelle aus Albrecht von Johansdorf an, nämlich MF 86, 2 *mîn êrste liebe, der ich ie began, diu selbe muoz an mir diu leste sîn*, wo aber *leste* nur konjektur von Haupt ist; denn A hat *boeste*, B und C *liebeste*. Doch steht noch Neifen 12, 8 zur verfügung: *si muoz diu êrste und ouch mîn leste unz an mîn ende sîn*; auch Hartmann, Erec 6297 ff. *mirn gebe got wider mînen man, den êrsten den ich ie gewan: der muoz mir ouch der jungste sîn*; ja, Michel, der Gottschaus ansicht teilt, bringt sogar aus Bernart de Ventadorn eine ähnliche stelle bei, VIII 4, 5: *e vós etz lo meus iois premiers e si scretz vos lo derniers, tan quant la vida m'er durans*. Aber diese parallelstellen beweisen nichts für die lesart von C in Morungens lied; denn es handelt sich hier überall um das gelübde des dichters, der einmal erkorenen dame bis zum tode treu bleiben zu wollen, während die worte *mîn êrste und ouch mîn leste fröide was ein wîp* doch nur so viel bedeuten könnten als: „für mich ist es mit aller freude für immer vorbei", was Morungen aber gewiss nicht hat sagen wollen, da ja sein ganzes streben und hoffen darauf gerichtet ist, durch treuen dienst doch zuletzt noch die gunst der geliebten und damit freude und wonne zu erringen. Aber selbst wenn man jenen worten die gezwungene deutung geben wollte: „sie war meine erste freude und wird auch meine letzte freude sein", so würde doch ein solcher ausblick in die zukunft an dieser stelle unpassend sein, weil der dichter erst weiterhin, in den vv. 14—16, jenes gelübde ausspricht. Der gedankengang der ersten strophe ist nämlich dieser: 1) **ein rückblick in die vergangenheit**: die dame, der ich diene, war von jeher meine liebste freude; 2) **ein vorsatz für die zukunft**: den ersten platz in meinem herzen wird sie auch fernerhin behaupten; 3) **eine klage über die gegenwart**: leider bringt mir mein treuer dienst jetzt nichts als kummer und not. In der fassung von C ist dieser zusammenhang zerstört; die lesarten von A müssen also in den vv. 10 und 14 als echt angesehen werden. Kein zweifel übrigens, dass die lust an der „schärferen und hübscheren gegenüberstellung" der worte *êrste* und *leste* die verderbnis veranlasst hat[1]).

In v. 30 ist das in C überlieferte *mîn* als eine entstellung des echten textes, den A bietet, anzusehen; denn den dichter hat die dame natürlich nicht vergessen, da sie ihm ja zürnt; wohl aber macht er ihr

---

1) Freilich ist gegen die lesart von A noch ein metrisches bedenken zu erheben; denn da Morungen doch wohl nicht *liebste* gesprochen hat, so ist der vers um eine silbe zu lang. Herr professor Michels hält deswegen eher für möglich, dass *liebeste* in A ein alter schreibfehler für *beste* sei, wozu die verschiedenen lesarten an der oben angeführten stelle Albrechts von Johansdorf verglichen werden können: MF 86, 2 *boeste* A, *liebeste* BC.

mit recht den vorwurf, dass sie sich vergessen habe, d. h. dass sie in ihrem benehmen ihm gegenüber nur zu sehr aus den augen lasse, was ihr selber wohl anstehen würde, nämlich seine treuen dienste durch erhörung zu belohnen.

v. 36 *iuch* A: *ir* C. (Der dativ ist auch in A gemeint; vergl. Weinhold, mhd. gramm.² § 474). Zahlreiche stellen in Morungens liedern, an denen er sich entweder mit einem einfachen „*seht*" oder auch in ausführlicherer weise an seine zuhörer wendet, beweisen, wie Burdach s. 84 mit recht hervorhebt, dass unser dichter, im gegensatze zu andern minnesängern, gern seine stellung gegenüber der gesellschaft, vor der er singt, betont; wenn also auch die geliebte und sein verhältnis zu ihr beständig den gegenstand seiner dichtungen bildet, so vergisst er doch nie das publikum, das er als sänger zu unterhalten und zu erfreuen die pflicht hat. Es kann ihm also auch nicht gleichgültig sein, wie die hörer seine lieder aufnehmen, und so ist es denn auch hier durchaus im einklang mit seiner eigenart gesprochen, wenn er die damen der gesellschaft fragt: was könnte ich denn wohl singen, so dass es euern beifall fände? Ausserdem ist es doch nur natürlich, dass er von den frauen zu erfahren sucht, was ihnen selbst gefällt; denn das werden sie jedenfalls sagen können; wollte er dagegen wissen, was seiner herrin zusagt, so müsste er diese fragen und nicht die andern frauen. Das *ir* in C verdankt wahrscheinlich dem umstande seinen ursprung, dass die 3. strophe dort gleich auf die 1. folgt, also unmittelbar vorher gesagt war: *ir tuot leider wê al mîn sprechen und mîn singen*. Dass aber jene reihenfolge der strophen nicht die ursprüngliche ist, wird weiter unten gezeigt werden.

124, 4 *lanc* A: *kranc* C. Vielleicht ist die lesart von C einfach als schreibfehler anzusehen. Jedenfalls aber ist das vorkommen des reimwortes *kranc* in v. 123, 37 grund genug, hier mit A *lanc* zu lesen.

Alle noch übrigen varianten, d. h. also die in den vv. 123, 25—28, 33 und 124, 7 stehen unter einander in zusammenhang, insofern als die in C an diesen stellen überlieferten lesarten auf einer und derselben entstellung des gedankenganges hauptsächlich der 2. (in C 3.) strophe beruhen. Gottschau meint, diese strophe sei „in A ganz verderbt überliefert"; es ist aber nur die eine redewendung *ich sî ze lange* in v. 123, 26, die allerdings einige schwierigkeit bereitet, da *lange sîn* so viel bedeutet wie „lange ausbleiben", z. b. MF 40, 11 in einer frauenstrophe Dietmars von Eist: *ich solde zürnen, hulfe ez iet, daz du als lange wäre*, oder 155, 9, wo Reinmar klagt: *ichn sach ein wîp nâch mir getrûren nie: swie lange ich was, ie doch meit si daz ie.* Hier dagegen erwartet man nach dem zusammenhange eher eine wendung wie „lange nichts von sich hören lassen, lange mit seinem gesange zurückhalten". Dennoch darf das in C überlieferte *nu swîge aber ich ze lange* nicht als der echte text gelten; denn erstens ist es nicht wahrscheinlich, dass der leicht verständliche ausdruck *ze lange swîgen* in den ungewöhnlichen *ze lange sîn* sollte entstellt worden sein; zweitens aber beweisen die worte *nu giht si* auch positiv die echtheit der lesart von A, weil sie — in übereinstimmung mit dem gedankengange des dichters — dasjenige deutlich als einen vorwurf der dame einführen, was nach C als eine aus dem sinne des dichters selbst gethane äusserung erscheint oder doch erscheinen kann. Der gedankengang ist nun aber in A dieser: Die dame will von dem ritter nicht besungen sein (in den worten *nu verbôt si mir* ist *verbôt* als perfectum zu übersetzen: „sie hat mir verboten", und als objekt ist dazu aus dem vorhergehenden verse *ir ze singenne* zu ergänzen); es ist ihr angenehmer, wenn er seine ewigen liebesklagen und -schwüre (denn diese bildeten den gegenstand all seines bisherigen singens) für sich behält (*wan ir tuot mîn swîgen baz*); doch will sie ihn damit nicht zum völligen verstummen verurteilt haben, tadelt es vielmehr, als er sich, infolge jenes verbotes, plötzlich ganz von ihr zurückzieht (*nu giht si ich sî ze lange*); er aber weiss nichts anderes zu singen (*konde ich danne mê*) als das alte lied von ihrer tugend und schönheit und seiner liebe, und da ihr wunsch ihm trotzdem befehl ist, so wendet er sich — nach bitteren klagen über ihren zorn und hass — in der dritten strophe an seine zuhörerinnen mit der bitte um rat und belehrung über einen „*niuwen sanc*", dessen neuheit eben darin bestehen wird, dass er nicht von der dame und seiner liebe zu ihr handelt; es ist also kein zufall, dass in v. 124, 7 das in C überlieferte *ir* in A fehlt. Die hinzufügung dieses wortes lässt, zusammen mit den andern oben erwähnten varianten, deutlich eine durchgreifende veränderung in der auffassung des liedes erkennen.

Nach C nämlich besteht die not des dichters nicht darin, dass die dame sich seine huldigungen ein für allemal verbeten hat, und er, da sie gleichwohl ein lied von ihm zu hören wünscht, um ein geeignetes thema in die grösste verlegenheit kommt; vielmehr hat er hier — wie Michel richtig erklärt — unter ihrem launischen wesen zu leiden, mit dem sie ihm das singen überhaupt (ohne rücksicht auf den gegenstand) noch vor kurzem verboten, jetzt aber wieder befohlen hat. Da sich nun aber mit dieser auffassung das praesens *tuot* in v. 123, 25 nicht vertrug, so wurde es in das praeteritum *tete* geändert, und im vorhergehenden verse erhielt nun das eigentlich als perfektum gemeinte *verbôt* gleichfalls die bedeutung eines erzählenden praeteritums: „sie verbot mir das singen, und mein schweigen war ihr angenehmer; nun, da ich gehorche und schweige, ist ihr auch das nicht recht" u. s. w. Jetzt hatten aber auch die worte *konde ich danne mê* keinen sinn mehr und wurden ersetzt durch *solde ich singen mê*, und diese änderung zog dann noch die entstellung des nächsten verses nach sich, in dem statt des echten *ich sunge aber* gesetzt wurde *daz tet ich*, um nicht kurz hinter einander *singen* und *sunge* zu sagen. Mit recht durfte nun auch in v. 33 von der launischen dame gesagt werden, dass sie ihren spott mit dem dichter treibe. Und endlich konnte in v. 124, 7 jenes *ir* ohne anstoss hinzugefügt werden, da ja die neuheit des künftig anzustimmenden gesanges nicht mehr darin gesehen wurde, dass er von ihr nicht handeln dürfe.

Dass nun aber dieser gedankengang, wie er in C vorliegt, in der that nicht der vom dichter ursprünglich gegebene ist, geht klar daraus hervor, dass es trotz aller jener änderungen dem bearbeiter nicht gelungen ist, die spuren des alten ganz zu verwischen. Dazu gehört zunächst die irreal hypothetische satzverbindung in den vv. 22—23. Hier lässt sich ein widerspruch gegen den in C sonst zum ausdruck gebrachten gedanken nur dadurch vermeiden, dass man die beiden konj. praet. *waere* und *sunge* als stellvertreter für die entsprechenden konj. plusquamperf. auffasst und übersetzt: „wäre ihr mein gesang angenehm gewesen, so würde ich sie besungen haben" (nämlich früher, so lange als sie ihr jetzt aufgehobenes verbot noch aufrecht erhielt). Eine solche stellvertretung ist nun an sich zwar möglich (Paul, mhd. gr.² § 280, 1), aber an dieser stelle insofern sehr störend, als der hörer oder leser erst aus dem folgenden zu erkennen vermag, dass es sich hier nicht um einen irrealis der gegenwart handelt.

Ebenso ist an einer anderen stelle in C eine alte lesart stehen geblieben, die dem veränderten gedankengange in dieser hs. widerspricht. Wenn nämlich der ritter, nach C, deswegen klagt, weil seine launische gebieterin ihr früheres verbot jetzt wieder in einen befehl verwandelt habe, wie darf er dann in der ersten strophe (vv. 18 und 19) sagen: *ir tuot leider wê al mîn sprechen und mîn singen?* Dieser widerspruch ist auch dem bearbeiter keineswegs verborgen geblieben; aber freilich war hier mit einer einfachen veränderung des *tuot* in *tete* nicht zu helfen; denn in den folgenden versen (20 und 21) spricht es ja der dichter klar aus, dass seine gegenwärtige trauer eben durch jenes missfallen verursacht wird, welches der dame sein singen, so wie er es bisher betrieben hat, erregt. Wenn sich also jener auffallende widerspruch zwischen der ersten und der veränderten zweiten strophe auch nicht beseitigen liess, so konnte man doch versuchen, ihn wenigstens abzuschwächen; und dies sollte offenbar durch die einschiebung der dritten strophe zwischen die beiden ersten erreicht werden.

Denn dass die strophenfolge in C nicht etwa die ursprüngliche ist, geht daraus hervor, dass sie zu den als echt nachgewiesenen lesarten der hs. A nicht recht passt; wenigstens ist es natürlicher, dass der dichter die schilderung seiner verlegenheit der bitte an die frauen, ihm aus dieser verlegenheit zu helfen, nicht folgen lässt, sondern vorausschickt. Die ältere hs. ist also auch in dieser beziehung der jüngeren vorzuziehen.

Wer aber nach allen diesen ausführungen noch nicht die überzeugung gewonnen haben sollte, dass in C der versuch einer planmässigen umarbeitung des in A erhaltenen echten liedes vorliegt, wird doch dann die richtigkeit einer solchen annahme zugeben müssen, wenn es nachzuweisen gelingt, wodurch sich der bearbeiter zu jenem versuche veranlasst gesehen hat. Nun giebt aber die betrachtung der allein in C erhaltenen strophen IV und V (C 8 und 9) über diesen punkt befriedigenden aufschluss. Lachmann nennt diese strophen „unbedeutend und am ende verworren". Aus dem zweiten dieser beiden mängel würde zunächst nur auf schlechte überlieferung, nicht auf unechtheit zu schliessen sein; auch hat Gärtner, dessen ausführungen in einigen punkten durch Paul berichtigt worden sind, jene verworrenheit beseitigt. Unbedeutendheit zum beweismittel für unechtheit zu machen, ist misslich, da dem persönlichen geschmacke des modernen beurteilers dabei ein zu weiter spielraum gelassen wird; denn während die strophen nach Gärtners urteil „für das gedicht höchst bedeutend sind, indem sie ihm originalität und abschluss geben" — ein urteil, dem Gottschau und Michel beistimmen, Paul wenigstens nicht widerspricht —, erneuert Schütze den von Lachmann erhobenen vorwurf in aller schärfe und nennt die strophen geradezu trivial.

Dagegen giebt es ein mittel, um über echtheit oder unechtheit thatsächlich zu entscheiden, und das ist auch von Schütze angewandt worden, nämlich die aufweisung offenbaren widerspruchs, in den sich inhaltlich die letzten strophen zu den ersten setzen. Schütze hat richtig beobachtet, was Gärtner übersehen hat, dass nämlich die 4. strophe jedenfalls den *niuwen sanc* vorstellen soll, von dem am schlusse der 3. die rede ist; denn in ihr allein wird die dame vom dichter angeredet. „Unmöglich scheint es mir nun," so schliesst er, „dass ein dichter nach III eine strophe verfasst haben sollte, die, obwohl sie augenscheinlich als der *niuwe sanc* angesehen werden müsste, doch nur die alten liebesklagen enthält, welche den unwillen der geliebten erregt haben und darum eben in dem dichter den gedanken an einen *niuwen sanc* erwachen liessen." Ist nun dieser schluss richtig und str. IV später hinzugedichtet, so ist auch klar, dass es ihrem verfasser darum zu thun sein musste, jenen widerspruch nach möglichkeit zu beseitigen: diesem zwecke dient die oben nachgewiesene, freilich nur halb gelungene überarbeitung der echten strophen, wie sie in C vorliegt. Wenn aber die 4. strophe nicht echt ist, so kann es die 5. auch nicht sein; denn zwischen beiden besteht der enge zusammenhang, auf den Gärtner hindeutet, indem er von der inhaltsangabe der 4. strophe zu derjenigen der 5. mit diesen worten übergeht: „und als ob er abermals eine verneinende antwort in ihren zügen läse, fährt er fort: Ich sehe" u. s. w.

So hat sich denn in jeder beziehung die überlieferung in A als echt, die in C als verdorben herausgestellt, und es bedarf kaum noch der ausdrücklichen erklärung, dass auch in allen denjenigen fällen, wo die verschiedenen lesarten beider hss. von gleicher güte zu sein scheinen, diejenigen der hs. A als die ursprünglichen gelten müssen.

§ 4.

A 8—11, C 17—20, (B 9—11), · MF 126, 8—39, Bartsch, liederd. XIV 28—55.

Pfeiffer, Germ. III 490, Gottschau 343, Schütze 68.

Die zahl der strophen dieses liedes ist in beiden hss. gleich, ihre reihenfolge dagegen verschieden, desgleichen der text an einer grossen anzahl von stellen.

1. Drei schreibfehler sind in A zu verbessern: 126, 19 *mir mir: si mir*, 21 *nach: naht*, 26 *crenken: crenket;* ebensoviele in C: 25 *dürrre: dürren*, 36 *stân: stên*, und 27 die auslassung des wortes *heize*.

2. Unter den übrigen varianten sind wieder einige, bei denen von vornherein keine entscheidung für eine von beiden hss. möglich ist, nämlich diese: 126, 8 *den elben* A: *der elbe* C, 9 *bin: wart*, 12 *und: mir*, 15 *mîn lîp vor wunnen: ich danne vor liebe*, 22 *so: son*, 23 *ia: nu*, 25 *same: als, den: ein*, 26 *fremeden: frömde, mir: so*, 27 *same: als, die vil: eine*, 29 *werdecheit: edelkeit*, 30 *tugenden: tugende*, 31 *wirt: ist*, 34 *gêt: stêt*, 35 *wunne: vröide*.

3. Dagegen sprechen in mehreren anderen fällen sachliche, sprachliche oder metrische gründe für die lesarten von A. In v. 18 hat Pfeiffer mit recht gegen Lachmann und Haupt die herstellung der lesart von A verlangt: *hei, wan muoste ich ir alsô gewaltic sîn* (statt: *hei, wan solt ich ir noch sô gevangen sîn*, C); denn nur so entsteht, wie auch Gottschau betont, ein richtiger gegensatz zu den vv. 16—17, und nur so passt v. 23 in den zusammenhang hinein, indem man sonst erwarten müsste: *ia bin ich leider vor ir alze vrî*. Allerdings hat Haupt zfda XI 593 seine ansicht gegen Pfeiffer verteidigt, aber leider nicht mit gründen, sondern nur mit diesen worten: „verkehrt ist keine der beiden lesarten; welche die sinnreichere ist, wird ein anderer als hr. Pf. leicht einsehen und nicht glauben, dass sie durch die letzte zeile der strophe widerlegt werde." Auch Burdach erklärt (s. 51) nur, ohne gründe hinzuzufügen: „ich halte die von Haupt angenommene lesart *gevangen* für richtig"; ja, er verschärft den bedenklichen widerspruch gegen v. 23 noch dadurch, das er die worte *daz si mir mit triuwen waere bî* unrichtig erklärt durch: „dass sie ihn mit treue be-

wache". Pfeiffers ansicht ist also bis jetzt nicht widerlegt; und wenn Kristan von Lupîn, ein getreuer nachahmer Morungens, sagt: *ich wolde ir gevangen sîn gern unverdrozzen sô daz si mich dort solde in ir blanken arme haben geslozzen* (Bartsch, liederd. XCII 15), so beweist das nur, dass ihm Morungens lied bereits in der entstellten gestalt, wie C sie giebt, vorlag; er war ja etwa hundert jahre jünger als sein vorbild, und seine eigenen lieder stehen „in C unter nachträgen andrer hand, die auch sonst dichter späterer zeit giebt". (Bartsch, einleitung s. LXXII; vergl. auch Gottschau 403 ff. und Jung, beiträge zur geschichte des nord- und mitteldeutschen minnesangs, s. 42 f.).

v. 33 lautet in C: *daz si mich an durch mîn herze sên.* Dieser text ist jedenfalls unecht; denn selbst wer an der zerreissung des verbums *an-sên* durch drei worte und an der stellung der betonten silbe *an* in der senkung keinen anstoss nehmen wollte, müsste doch zugeben, dass kein vernünftiger mensch sagen kann: ihre augen sehen mich durch mein herz an. Die richtige lesart bietet A, nämlich: *daz si mir al durch mîn herze sên.* Die augen der geliebten sehen dem dichter durch sein herz hindurch auf den innersten grund seiner seele. Aehnlich sagt Morungen 124, 38 *alsô kument mir dicke ir wol lichten ougen blicke in mîn herze,* ferner 144, 24 *si kan durch diu herzen brechen sam diu sunne durch daz glas.* Vergl. auch Burdach 49.

Aus metrischen gründen sind an folgenden vier stellen die lesarten von A denen von C vorzuziehen:

9 *so: also,* 32 *so: also,* 38 *also: als*; endlich 36—37 *ich muoz vor ir stên und waren der vreuden mîn: wan ich danne stên und warte der frouwen mîn.* Die worte *warte der* geben einen daktylus, was bei *warn der* vermieden wird. Gottschau hat nachzuweisen versucht, dass aus sachlichen gründen die ja auch im inhalt etwas von A verschiedene lesart in C den vorzug verdiene; aber wenn auch der gedanke in C einerseits ganz vortrefflich und andererseits in dem, was A bietet, nicht wieder zu erkennen ist, so folgt daraus noch nicht, dass die wendung in A nicht ebenso gut und eines dichters wie Morungen würdig sein könnte; dies ist sie aber in der that (vergl. Schütze), und so haben denn sowohl Lachmann und Haupt als auch Bartsch sie in ihren text aufgenommen. Uebrigens steht auch 134, 7 *frowen* statt *fröiden* in den hss. B und C.

4. Nach alledem ist also nicht nur die neigung Pfeiffers gerechtfertigt, „auch an andern stellen desselben liedes dieser hs. (A) den vorzug einzuräumen", sondern die methode verlangt, dass 1) an allen denjenigen stellen, an denen beide hss. gleich gutes bieten, die lesarten in A unbedingt als die echten angesehen werden, und dass 2) auch in solchen fällen, wo beide hss. auf verschiedene art verdorben sind, das in A überlieferte als dem ursprünglichen näher stehend zu gelten hat. Und hieran ändert auch der umstand nichts, dass an zwei stellen C in kleinigkeiten einen irrtum, den A begeht, vermieden hat, nämlich v. 11 *darumbe mich* A: *mich darumbe* C, 14 *und tuo: tuo*. In v. 10 dagegen ist die richtigkeit der lesart von C gegenüber der jedenfalls unrichtigen überlieferung in

A nur scheinbar. A liest nämlich: *von der besten, die ie dehein man ze vriunt gewan*, giebt also zwei silben zu viel, C dagegen: *von der besten, die ie dehein man liep gewan*, woraus leicht die richtige anzahl von silben herzustellen ist, wenn man mit C[a] statt *dehein*: *kein* liest. Aber der ausdruck *ze vriunt gewinnen* ist origineller als *liep gewinnen*. Beide lesarten sind also verdorben, mithin nach dem oben gefundenen kritischen grundsatze aus A das ursprüngliche zu gewinnen; dies wird gewesen sein: *von der besten, die ie man ze vriunt gewan*[1]). Durch ein versehen drang das überflüssige *dehein* ein, und nun versuchte man den zu lang gewordenen vers dadurch auf sein rechtes mass zurückzuführen, dass man statt: *ze vriunt* einsetzte: *liep*.

v. 14 *so vreut si so sêre mich* A: *da mite vroewet si so mich* C. In beiden hss. ist der vers zu lang; Haupt, dem Bartsch gefolgt ist, hat beide lesarten kombiniert und liest: *so frewet si so mich*. Aber die sinnwidrige betonung der worte *si so mich* fällt, zumal am versende, so unangenehm ins ohr, dass man diese lesart gegenüber dem rhythmisch tadellosen texte in A: *si so sêre mich* nicht für echt halten darf. Auch hier ist das ursprüngliche allein aus A herzustellen; auf welche weise, das ist freilich schwer zu sagen; denn weder das *so* des nachsatzes scheint entbehrlich zu

---

1) Freilich fällt bei dieser lesart der (zufällige) binnenreim *man*: *gewan* noch stärker ins ohr, aber doch auch nicht unangenehmer als z. B. 123, 37 *sanc ist âne freude kranc*.

sein, noch auch — um des folgenden konsekutivsatzes willen — das *so* vor *sêre*.

v. 31 *daz wirt mir vil übel oder lîhte guot* A: *daz ist mir vil übel und ouch lîhte guot* C. Bartsch hat aus dem in A überlieferten den vers dadurch hergestellt, dass er statt *oder* liest: *od;* Haupt legt C zu grunde, liest *deist* statt: *daz ist,* streicht *vil* und erreicht auch so die metrische richtigkeit. Nach allem vorher erörterten ist klar, dass Bartsch recht hat.

Die reihenfolge der strophen ist in C eine andere als in A; es ist nämlich A 8 = C 17, A 9 = C 20, A 10 = C 19 und A 11 = C 18. Gottschau tritt für C ein und macht auf die steigerung des ausdrucks aufmerksam, welche darin liegt, dass am schlusse von C 18 der dichter seine wünsche nur durch eine zweifelnde frage andeutet, im letzten verse von C 19 bereits leiser hoffnung ausdruck leiht und endlich in C 20 zu einem unverhohlenen geständnisse seiner kühnsten wünsche übergeht. Die kraft eines beweises aber würden diese ansprechenden ausführungen erst dadurch erhalten, dass man zugleich die unhaltbarkeit der strophenfolge in A nachwiese, dieselbe ist nun aber ohne jeden anstoss: Das liebenswürdigste weib hat in dem dichter durch ihren zauberblick eine glühende leidenschaft entfacht, hasst ihn aber gleichzeitig; ironisch macht er ihr daher einen vorschlag, wie sie ihn am bequemsten umbringen könne: sie solle ihm nur seine bitte erfüllen, dann werde er vor wonne vergehen (A. 8). Mit rechten dingen kann es aber in der that nicht zugehen; denn sie hat ihn der herrschaft über sich selbst beraubt. Ja, wenn sie ihm so willenlos hingegeben wäre, wie er ihr, dann hätte es keine not! Aber davon ist sie weit entfernt (A 9). So bleibt er denn auch fernerhin der dämonischen macht ihres blickes preisgegeben, während ihn gleichzeitig die eisige kälte, mit der sie ihn behandelt, zur verzweiflung bringt; dass sie nun aber auch noch hochsinnig, schön, vornehm und tugendhaft (also seiner liebe im höchsten grade wert) ist, das macht ihn vollends unglücklich — oder doch vielleicht zuletzt noch glücklich? (A 10). Jedenfalls ist er entschlossen, geduldig auf die stunde der erhörung zu warten und verwünscht jeden, der ihn verhindern will, das süsse gift ihrer blicke einzusaugen (A 11).

Der dichter zeigt sich in diesem liede als meister in seiner kunst: ein und dasselbe stilgesetz ist von der ersten bis zur letzten zeile streng durchgeführt, das des gegensatzes: ihr blick zwingt ihn, sie zu lieben — und doch hasst sie ihn; sie beherrscht ihn völlig — und will doch nichts von ihm wissen; er schwankt zwischen bittrem scherz und ganzem ernst; ihr abweisendes benehmen droht dieselbe glut zu löschen, die ihr blick in seinem herzen entfacht; der gedanke an ihre vorzüge bringt ihn zur verzweiflung — und nährt doch auch wieder seine hoffnung; kein andrer soll sich zwischen ihn und seine liebe drängen — er allein will sich an ihrem blicke, der ihn doch verzehrt, weiden. — Schöner als durch diese beständigen antithesen konnte das unbegreifliche, übernatürliche in der heftigen leidenschaft des dichters nicht zur anschauung gebracht werden.

Die vorstehende analyse erweist aber nicht nur, dass gegen die in A überlieferte anordnung der strophen nichts einzuwenden ist, sondern sie genügt auch wohl, um das vortreffliche lied vor der verwüstung zu sichern, die Schütze mit seiner destruktiven kritik darin anzurichten versucht hat; die strophen A 9 und 10 sind nämlich nach seiner meinung unecht, A 8 und 11 anfang und schluss eines ehemals dreistrophigen liedes, dessen 2. strophe verloren ist. Einer widerlegung seiner einzelnen beweisgründe darf man sich nach der gerechten würdigung für überhoben erachten, die seiner arbeit durch Bielschowsky im afda XVII 301—304 zu teil geworden ist. Bezeichnend für die geringe meinung, die Schütze sich irrtümlicherweise von der hslichen überlieferung überhaupt gebildet hat, ist der umstand, dass er des einzigen objektiven arguments gegen die echtheit der strophe A 9 mit keinem worte gedenkt, nämlich des fehlens dieser strophe in der hs. B. Allein auch dieses fehlen beweist nichts gegen A; denn erstens verdient auch sonst, wie in § 14 nachgewiesen werden wird, B ebensowenig wie C an irgend einer stelle den vorzug vor A, und zweitens war in diesem falle die entstehung einer lücke in B dadurch erleichtert, dass die betreffende strophe in der quelle von B, wie in C, am schlusse des liedes gestanden haben muss; denn auch die drei übrigen strophen giebt B in derselben reihenfolge wie C.

§ 5.

A 23—24, C 21—23, MF 127, 1—33, Bartsch 56—73.

Pfeiffer Germ. III 491, Gottschau 344, Michel 54, Burdach 46, Schütze 12 und 36.

Auch in diesem liede sind die verschiedenheiten der beiden recensionen zahlreich und bedeutend und erstrecken sich, wie in dem zuerst behandelten, auf den text, sowie auf die reihenfolge und die anzahl der strophen. A giebt deren zwei, C drei, und zwar in der art, dass C 21 = A 24 ist, und dass sich die stollen von C 22 und der abgesang von C 23 in A zu der einen strophe 23 vereinigt vorfinden, alles übrige aber, d. h. die vv. 18—28, in A fehlt. Diese abweichung wird wohl jeder zunächst durch die annahme erklären wollen, die überlieferung in A sei lückenhaft, der schreiber sei von v. 17 auf v. 29 abgeirrt. Diese annahme ist indessen falsch: bei schärferem zusehen stellt sich heraus, dass vielmehr A den echten text bietet und die in C allein überlieferten verse ein späteres einschiebsel sind.

Zunächst nämlich enthalten die vv. 18—20 (*doch klaget ir maneger mînen kumber vil dicke mit gesange*) nichts anderes, als was der dichter kurz vorher in den vv. 15—16 bereits ausgesprochen hat (*nu ist diu klage dicke vor ir manicvalt von mîner nôt*). Ferner ist die konjunktion *doch* in v. 18 unerträglich; denn entweder müsste sie die hauptsätze miteinander verbinden: das ist aber unmöglich, weil diese nichts entgegengesetztes, sondern geradezu dasselbe aussprechen; oder sie müsste den konzessivsatz in v. 17 (*swie sis niht erkenne*) mit dem folgenden hauptsatze verknüpfen: das geht aber nicht, weil man den konzessivsatz weder von dem vorhergehenden hauptsatze lostrennen, noch beiden hauptsätzen zugleich subordinieren kann. Endlich verrät auch die verbindung der participia *gesláfen* und *geswigen* in den schlussversen der strophe durch die konjunktion *oder* stilistische unbeholfenheit; denn gemeint sein kann doch nur: sie hat die ganze zeit über geschlafen oder aus einem andern grunde zu lange geschwiegen; das ist aber aus den textworten schwerlich herauszulesen.

Demnach hat Schütze, dessen gedanken im vorstehenden zum teil wiedergegeben worden sind, mit seiner verdächtigung der strophe C 22 recht, soweit sie den abgesang betrifft; dagegen ist er im irrtum, wenn er auch die stollen (vv. 12—17) für unecht und die in A nicht überlieferten stollen der strophe C 23 für echt hält. Denn zwar wird sich wohl gegen die letzteren (die vv. 23—28) an und für sich nichts einwenden lassen, ja ihre echtheit wird sogar anscheinend durch das citat 132, 7—9 erwiesen (*ichn weiz wer da sanc: ein sitich und ein star âne alle sinne wol gelernten daz sie spracchen: Minne*); aber dennoch ist Schützes ansicht falsch. Denn einerseits sieht er sich zu einer sehr willkürlichen und unwahrscheinlichen annahme gezwungen, um die entstehung der zwiespältigen überlieferung, wie sie in A und C vorliegt, auf grund seiner hypothese zu erklären; anderseits hat er übersehen, dass sich die echtheit des in A gegebenen auch positiv beweisen lässt, und zwar aus folgenden gründen:

Vor allem ist festzuhalten, dass die verse 12—17 so, wie sie in A überliefert sind, inhaltlich nicht den geringsten anstoss geben, sondern dass die unklarheit in der strophe erst mit dem v. 18 beginnt, ferner, dass sich auch die vv. 29—33 ganz vortrefflich an 12—17 anschliessen. Der dichter fragt: „*nu der schal «ist» dicke vor ir manicvalt von mîner nôt: wil si die bekennen?*" und antwortet: „*nein, si entuot*" u. s. w. Dagegen beginnt nun freilich in C die verworrenheit nicht erst in v. 18, sondern bereits vorher; es heisst hier: *nu ist diu klage von ir dicke manicvalt gegen mîner nôt, swie sis niht erkenne.* Dass hier jeder vers eine grobe entstellung des ursprünglichen textes enthält, geht klar aus dem zusammenhange des ganzen hervor; der dichter macht einen vergleich: der wald, der doch nicht hören kann, antwortet bisweilen, wenn man fleissig hineinruft; aber sie nimmt von all den liebesklagen, die sie so oft zu hören bekommt, keine notiz. Demnach muss in v. 15 stehen: *vor ir*, nicht: *von ir*, in v. 16: *von*, nicht: *gegen mîner nôt*, in v. 17: *wil si die bekennen?*, nicht: *swie sis niht erkenne.* Oder müsste etwa nicht, wenn überhaupt ein konzessivsatz angewendet werden soll, das ganze vielmehr so gewendet sein: wie oft auch vor ihr von meiner not geklagt werden möge, an ihr geht alles spurlos vorüber. Wenn aber in v. 17 die lesart von A echt ist, so müssen auch die vv. 18—28 als später eingeschoben angesehen werden; denn erst durch den v. 29 *(nein, si entuot)* erhält der gedanke der vv. 15—17 seinen um jenes gleichnisses willen mit notwendigkeit zu fordernden abschluss. Ja, auch die abweichung der recensionen in eben diesem v. 29 erhöht die gewissheit der überzeugung, dass 18—28 unecht sind. Da nämlich die in A überlieferten worte *nein, si entuot* als antwort auf die frage: *mac si sich doch mîner rede versinnen?* nicht ganz so gut zu passen schienen wie zu der frage: *wil si die bekennen?*, so wurden sie flugs umgeändert in: *nein, si niht*.

Zur unumstösslichen gewissheit aber wird die oben ausgeführte ansicht dadurch erhoben, dass sich nachweisen lässt, wodurch sich der verfasser der vv. 18—28 zu seiner nachdichtung veranlasst gesehen hat. In den vv. 14 und 17 reimt Morungen — allerdings gegen seine gewohnheit[1]) — *eteswenne: bekennen,* indem er von der im Thüringischen sonst sehr gewöhnlichen apokope des infinitiv-n gebrauch macht (Weinhold, mhd. gr. §§ 217, 372, 399). Der nachdichter änderte nun, um diesen seiner ansicht nach unreinen reim wegzuschaffen, zunächst v. 17 (vergl. Bartschs anmerkung und Gottschau), verfasste dann,

---

1) Gottschau führt zwar (s. 351) noch folgende beispiele an: 127, 25. 28. *minne: versinnen,* 132, 15. 18. *klage: gesagen,* 140, 1. 3. 9. *zinne: minne: sinnen* (dat. plur.). Allein die ersten beiden stellen sind nicht nur unechten strophen entnommen, sondern 127, 25 steht in C gar nicht einmal *minne,* sondern *minnen,* und nur mit rücksicht auf das citat (132, 9) — das aber auch sonst nicht wortgetreu ist! — hat Bartsch (liederd. XIV 69) die starke form eingesetzt; ebenso ist 132, 15 *klage* nur konjektur von Paul (s. § 6); 140, 1. 3 aber sind, mit Haupt, die schwachen formen *zinnen* und *minnen* herzustellen (s. § 12), wie auch 147, 18 ff. ganz richtig in p steht: *minnen: inbinnen: gewinnen* (s. § 16 a. ende). 145, 25 endlich ist *sinnen* in c wohl nur schreibfehler für *sinne* (veranlasst durch den vorhergehenden plur. *tugenden*), wie v. 27 *ungewinnen* für *ungewinne.*

da jetzt v. 29 sich nicht mehr gut an v. 17 anzuschliessen schien, die vv. 18—28 und änderte endlich v. 29, um auch hier einen besseren anschluss herzustellen. Was Schütze abgehalten hat, die vv. 23—28 für unecht zu halten, ist vielleicht das obenerwähnte citat in der strophe 132, 3—10 gewesen; allein dieses bedenken findet dadurch seine erledigung, dass auch jene strophe, wie in § 6 nachgewiesen werden wird, Morungen nicht gehört.

Die veränderung des v. 17 hat nun aber ausser den schon besprochenen noch eine weitere korruptel im texte von C nach sich gezogen. In v. 15 nämlich liest A: *nu der schal*, C *nu ist diu klage*. Kein zweifel zunächst, dass *schal* besser in den zusammenhang passt als *klage*; denn es giebt uns eine lebendigere vorstellung von der taubheit der dame, die tauber ist als der taube wald, wenn wir hören, dass nicht nur oft und mannigfach, sondern vor allem auch laut der vergebliche ruf von des dichters not vor ihr erklungen ist. (Vergl. auch 146, 3—6 *helfet singen alle, mîne friunt, und zieht ir zuo mit ... schalle, daz si mir genâde tuo*). Aber die worte *nîst der schál dícke* wollen nicht in den vers passen; denn wenngleich auch in der andern strophe beide hss. an der entsprechenden stelle überliefern: *der enzwei braeche*, so verlangt doch hier wie dort die rücksicht auf den ersten stollen die herstellung eines regelmässigen wechsels zwischen hebung und senkung. In v. 4 haben daher die herausgeber geschrieben: *der enzwei «ge»bracche;* in v. 15 aber haben sie die lesart von C aufgenommen; jedoch mit unrecht: es ist wohl zu beachten, dass in A das wort *ist* fehlt; dies braucht aber nicht, wie in C, hinter *nu*, es kann auch hinter *schal* gestanden haben; dann war *nu* konjunktion (Paul, mhd. gr.² § 352, 5), und die satzfügung war in den vv. 15—17 infolge der subordination fliessender. Natürlich musste aber C wegen seiner fassung des v. 17 aus dem nebensatz einen hauptsatz machen: das *ist* rückte unter *nu*, und *klage* statt *schal* stellte das verletzte versmass wieder her. So hat denn jener thüringische infinitiv auch noch diese entstellung verschuldet; die echte lesart aber lautete: *nu der schal «ist» dicke* u. s. w.

Endlich steht auch, nachdem die vv. 18—28 als später hinzugedichtet erkannt worden sind, der herstellung der echten lesarten in den vv. 8 und 30 nichts mehr im wege. In beiden versen nämlich hat Haupt und nach ihm Bartsch um der metrischen übereinstimmung mit dem unechten v. 19 willen den überlieferten text verändert, in v. 8 gegen das zeugnis beider hss., in v. 30 gegen das von A. Es ist also zu lesen v. 8 *dur diu ganzen ougen mîn*, v. 30 *got der welle ein wunder sîn*. Freilich wird die (auch in MF vorhandene) verschiedenheit beider strophen im reimschema dadurch noch grösser; in A 23 nämlich sind die reime a w b, a w b, w w c w c, in A 24 dagegen: a w b, a w b, w a c a c (in MF a w b, a w b, w w c a c). Aber für solche variation in den reimen des abgesanges lassen sich noch drei weitere beispiele aus Morungens liedern aufweisen, nämlich 1) 137, 10—26; hier ist die erste strophe gereimt: a b, a b, c a c, die zweite: a b, a b, c c c, nebst dem geleit d d d; 2) 142, 19—143, 3 (vgl. § 17); die mannesstrophe: a b, a b, b w b, die beiden frauenstrophen: a b, a b, c w c; 3) 140, 32—141, 14; hier sind alle drei strophen verschieden gereimt: I a b c, a b c, c a c, II a b c, a b c, c b b c, III a b c, a b c, c b c. — In einem vierten falle beruht die verschiedenheit, die sich hier sogar auf die reime der stollen erstreckt, vielleicht auf zufall: in dem liede 140, 11—31 nämlich enthalten der 1. und 3. vers der 2. strophe einen caesurreim, der sich in den andern strophen nicht findet: *mîn frouwe ist sô genaedic wol . . . des bin ich frô rehte als ich sol.*

In v. 31 wird das *vil* vor *verre*, trotzdem es in A und in C steht, zu streichen sein, da die andere strophe an der entsprechenden stelle keinen auftakt bietet.

In demselben v. 31 nun findet sich abermals eine variante: *an ir* A: *an mir* C. Die stelle hat ein gegenstück an zwei versen Reinmars, der 149, 14—15 klagt: *waz obe ein wunder lîhte an mir geschiht, daz si mich eteswenne gerne siht?* Auch hier schwanken die hss., von denen A und C *an mir*, b und E *an ir* überliefern. Ohne zweifel hat A an beiden stellen das richtige; denn dort bei Reinmar ist es zwar eine besonders feine wendung, dass der dichter an sich selber den grund für die abneigung seiner dame sucht; aber hier bei Morungen erscheint die geliebte in ihrer hartherzigkeit durchaus als der schuldige teil; an ihr also müsste Gott auch das wunder thun, das sie dem ritter geneigt machte.

Und selbst in dem letzten satze dieser in C so schwer entstellten strophe hat diese hs. noch eine korruptel aufzuweisen: *sît* in v. 32 statt des echten *baz*.

Der gedanke fordert einen komparativ: es ist leichter, einen baum durch blosse worte zur erde zu biegen, als ihr herz zu erweichen. Das *sît* hat sich wohl im anschlusse an das gleiche wort in dem unechten v. 23 eingestellt; wenigstens ist Pfeiffers ansicht, *sît* sei ein alter lesefehler für *bat* = *baz*, wenig wahrscheinlich. (Vergl. Haupt, zfda XI 593.)

Nach alledem wird man kein bedenken tragen, auch in v. 12 mit A *vil gerîefe* zu schreiben (C: *lange rüeft*) und in v. 30 *der welle* (C: *enwelle*). Freilich ist in v. 12 statt *also,* wie A schreibt, um des versmasses willen mit C *so* zu lesen.

Weit weniger entstellt ist die strophe A 24 in C wiedergegeben. Zunächst ist in A ein schreibfehler zu verbessern: v. 3 *mine|n|*. Sodann ist in C zweimal gegen das versmass gefehlt, v. 1 *verswiget möhte* (A: *möhte wol verswigen*) und v. 11 *als* (A: *also*). In demselben v. 11 ist auch *werdeclîche* (nach A) dem in C gegebenen *minneclîch* vorzuziehen, weil das letztere nach dem unmittelbar vorhergehenden *minnen* (in v. 10) hässlich klingt, und eine solche wiederholung mehr der tändelnden manier mancher jüngerer minnedichter entspricht, als dem stile Morungens; denn die beispiele, die Burdach s. 96 zusammengestellt hat, sind entweder wesentlich anderer art oder aus zweifellos unechten strophen entlehnt, wie 124, 8 *vil wîplich wîp* (§ 3).

In v. 10 entspricht die schwache form *minnen* (in A) der heimatlichen mundart des dichters (Weinhold § 461). So wird denn auch in eben diesem verse mit A *reinen* zu lesen sein (C: *süezen*) und in v. 3 *lieben* (C: *schônen*).

Was endlich die reihenfolge der strophen angeht, so hat die in A überlieferte folgendes für sich: Ein aus der natur entlehntes gleichnis bildet auch in andern liedern Morungens den anfang, so 126, 8 *von den elben wirt entsên vil manic man*, 127, 34 *ez ist site der nahtegal, swan si ir liep volendet, sô geswîget sie*. Diese gleichnisse sind ganz vortrefflich geeignet, die aufmerksamkeit des hörers zu fesseln und ihn in die rechte stimmung zu versetzen; man kann sie auch wohl mit den später so beliebten sogenannten natureingängen vergleichen, einer form der poetischen technik, die sich bei Morungen nur einmal (140, 32) angewendet findet. Aber freilich scheint es, dass wir es hier überhaupt nicht mit einem zweistrophigen liede, sondern mit zwei einzelnen selbständigen strophen zu thun haben. Denn weder bei der einen, noch bei der andern reihenfolge ergiebt sich ein rechter zusammenhang der gedanken; vielmehr hebt jede der beiden strophen für sich völlig selbständig an und führt ihre gedankenreihe zu einem durchaus befriedigenden abschlusse. Und auch jene abweichung der strophen im reimschema mag mit dieser ihrer selbständigkeit zusammenhängen.

§ 6.

A 15—17, C 38—42, (B 17—21), MF 131, 25—132, 26.

Bartsch, Germ. III 483, Paul 549, Gottschau 345, Burdach 47 und 96, Schröder, zfda XXXIII 106, Schütze 74.

In C folgen auf die str. 38 (= A 15) zwei in A nicht überlieferte strophen, C 39 und 40. Dieselben sind aus mancherlei gründen als ein späterer zusatz zu den echten strophen Morungens zu betrachten. Unser dichter gebraucht nämlich als Thüringer, wie bereits Lachmann in der anmerkung zu 132, 3 hervorgehoben hat, die zeitwörter *sehen, jehen, geschehen,* sowie *vehen* und *vlêhen* durchaus in den kontrahierten einsilbigen formen *sên, jên, geschên, vên, vlên.* Vergl. 125, 15—18 *begê : sê,* 126, 9—15 *entsên : vên : stên : zergên,* 33—39 *sên : zergên : stên : geschên,* 128, 1—4 *ôwê : sê,* 133, 30—36 *gesên : jên : vlên : verjên,* 136, 29—30 *sêt : gêt,* 32—34 *zergê : gesê,* 140, 33—38 *snê : wê : klê : sê.* Es ist demnach nicht zulässig, in den vv. 132, 3 und 5 mit Bartsch, Paul und Gottschau den in C überlieferten klingenden reim *sehen : vlêhen* als Morungisch anzusehen. Aber auch Lachmanns konjektur *sêe : flêe* (wofür Haupt *sêje : flêje* geschrieben hat) entbehrt durchaus der wahrscheinlichkeit, da ein substantivum *sehe* oder *sache* = md. *sêe, sêje* in der hier erforderlichen bedeutung gar nicht zu belegen, sondern von Lachmann konstruiert worden ist; (vergl. Paul und dazu Schröder).

Ferner passt der begriff *sehen,* wie Schröder richtig bemerkt hat, überhaupt nicht recht in den zusammenhang; man erwartet vielmehr *spehen;* dieses aber für *sehen* einzusetzen ist nutzlos, da die hauptschwierigkeit, wie Schröder selbst gesteht, dabei unverändert bestehen bleibt. Was aber ihn sowohl wie die meisten andern kritiker trotz jener schwierigkeit daran verhindert hat, die ganze strophe als späteren zusatz zu erkennen, ist offenbar das citat in den vv. 7—10. Nun hat sich uns aber bereits in § 5 die citierte stelle 127, 23—25 als sicher unecht ergeben; also enthalten die vv. 132, 7—10 nicht nur keinen beweis für die echtheit der str. C 39, sondern sogar ein sehr schwer wiegendes zeugnis gegen dieselbe. Dabei ist es einerlei, ob man sich den vorgang so denken will, dass ein und derselbe nachdichter beide lieder bearbeitet, sich also selbst citiert hat (wie es ja auch Morungen gethan haben müsste, wenn beide stellen echt wären), oder dass dem bearbeiter des liedes 131, 25 das andere bereits in der entstellten gestalt vorlag, so dass er glaubte, Morungen zu citieren.

Aber auch selbst die art, wie das citat eingeleitet wird (v. 7), ist so zweideutig, dass Schütze, wiewohl er die stelle 127, 23—25 für echt hielt, dennoch aus dem zusammentreffen dieser unklarheit mit der schwierigkeit wegen des klingenden reimes *sehen : vlêhen* die unechtheit der strophe schliessen zu dürfen geglaubt hat.

Eine weitere unklarheit bietet v. 132, 10; wenn man nämlich die worte: *wol sprich daz und habe des iemer danc!* mit Haupt nicht in das citat mit einbezieht, so ist nicht einzusehen, wie der dichter, der in dem ganzen liede von der dame nur in der 3. person spricht, in dieser einen zeile plötzlich dazu kommen sollte, sie anzureden. In das citat selbst aber gehören diese worte auch nicht; denn an der citierten stelle schliesst sich ein ganz anderer gedanke an das gleichnis vom papagei und star an. Was soll man aber endlich überhaupt zu dem inhalte der vv. 7—10 sagen? 132, 3—6 und 11—18 schliessen sich ohne schwierigkeit an die 1. strophe mit ihrer klage über die hüter an; die dame erscheint zunächst ohne jede schuld, ja nach v. 6 sogar im einverständnisse mit dem dichter und gleich ihm willens, die hüter zu täuschen: und mitten in diesen zusammenhang treten dann die vv. 7—10 völlig unvermittelt hinein mit dem thema von der sprödigkeit der geliebten, die schwerer als vernunftlose tiere das wort minne sprechen lerne.

Es darf nicht wunder nehmen, dass ein poet, der in dieser weise durch aneinanderstücken einzelner unter sich fremdartiger motive des minnesangs neue strophen verfertigte, auch in der äusseren form hinter seinem muster zurückgeblieben ist: ausser dem klingenden (und noch dazu unreinen) reim *sehen : vlêhen* sind noch sechs verletzungen des versmasses in der einen strophe zusammengedrängt: v. 5 hat entweder auftakt oder daktylischen anfang (*daz nême* oder *dáz neme*): beides ist falsch; in demselben verse muss *dúrch got* gelesen werden, eine betonung, die doch wohl so gewöhnlich nicht ist, wie Paul meint; vv. 6 und 8 haben erst durch konjekturen Haupts ihre gehörige länge erhalten; derselbe v. 8 hat auftakt; in v. 10 endlich fehlt der auftakt. — Nach allem, was bisher über die strophe erörtert worden ist, wird sich aber jedermann leicht überzeugen, dass alle heilungsversuche durchaus verlorne liebesmüh' sind: die strophe ist nicht zu emendieren, sondern zu athetieren.

Auch die andere in A nicht überlieferte strophe, C 40 (132, 11—18), ist metrisch nicht fehlerlos gebaut: v. 12 fehlt der auftakt, vv. 16 und 17 sind um je eine, v. 18 ist um zwei silben zu kurz. Weit schwerer aber wiegt eine andere textverderbnis: in v. 15 verstösst der durch den reim auf *gesagen* (v. 18) gesicherte infinitiv *klagen* gegen den satzbau; v. d. Hagen schreibt deshalb: *daz er sêre klagen «muoz», daz er doch* u. s. w., womit zwar jener eine fehler verbessert wird, aber auch sofort zwei neue bedenken entstehen; denn erstens sind nun die aufs engste zusammengehörenden worte *klagen muoz* durch das versende auseinandergerissen, zweitens ist der anfang von v. 16 metrisch in unordnung geraten und kann nur durch eine abermalige änderung wieder in ordnung gebracht werden. So hat denn Haupt auf andere weise zu helfen gesucht: er schreibt in v. 15 mit der hs. B *klaget* und v. 18: *und ers niemer niemen niht gesaget* — eine konjektur, die schon wegen ihrer grossen kühnheit wenig anspruch auf wahrscheinlichkeit hat, besonders aber deshalb abzulehnen ist, weil das einfache *gesaget* die klarheit des gedankens beeinträchtigt; denn wenngleich auch das überlieferte *kan gesagen* nicht einwandfrei ist, so ist doch alles in ordnung, sobald man *kan* im sinne von *mac* versteht, oder annimmt, *kan* sei für *mac* (oder *tar*) verschrieben; denn der sinn der vv. 14—18 ist doch dieser: „ach, dass es jemand (um der aufpasser willen) für angemessen halten (als recht hinnehmen, sich gefallen lassen) soll, sehr um etwas zu klagen, das er doch gar nicht aufrichtig meint, während ein anderer (?) still trauert und weint

und niemand etwas davon (?) sagen kann (oder darf)."
— Auch fehlt dem von Haupt konstruierten verse
der auftakt, und was endlich das *klaget* der hs.
B angeht, so lässt sich diese lesart leicht als ein versuch
erklären, den richtigen satzbau, selbst auf kosten des
reims, herzustellen. Am meisten wahrscheinlichkeit
hat der heilungsversuch Pauls, dem auch Gottschau
und, wenigstens in der hauptsache, Schütze sich angeschlossen
haben. Er liest *klage* und *gesage* und
nimmt jenes als konjunktiv, dieses als apokopierten
md. infinitiv, wozu Schütze ganz richtig bemerkt, dass
die lesart in C durch „das bedürfnis des reimes auf
das in den hss. in der nicht apokopierten form niedergeschriebene
gesagen" veranlasst worden sein kann.
Wenn aber Paul und Gottschau v. 18 lesen wollen:
unde er sîn niemen kan gesage, so ist dieser vorschlag
nicht bloss wegen des hässlichen hiatus *unde er* und
wegen der auftaktlosigkeit des verses abzuweisen,
sondern vor allem, weil man nach wie vor mit dem
worte *sîn* nichts rechtes anzufangen weiss: worauf bezieht
sich dieser genitiv und wovon hängt er ab?
Und diese fragen gelten auch Schütze, der — wohl
um jenen geringeren anstössen aus dem wege zu
gehen — zum teil nach Haupt folgendermassen liest:
und er sîn «niemer» niemen kan gesage. Will man
überhaupt eine konjektur an die strophe wenden, so
dürfte zu lesen sein: *und er sîn «leit doch» niemen
kan gesage*, oder etwas ähnliches.

In v. 17 ferner hat Haupt statt des hslichen *als
ainer* (B: *alse ainer*), um den verstoss gegen die metrik
zu beseitigen, *alse iener* geschrieben. Doch macht

Gottschau mit recht darauf aufmerksam, dass dieses pronomen hier schlecht passe, da es auf einen schon genannten hinzuweisen pflege. Er schlägt deshalb vor, *als der ander* zu schreiben; doch ist diese änderung wieder paläographisch nicht so leicht zu rechtfertigen; vielmehr wird überhaupt nichts zu ändern, mit B *alse einer* zu lesen und der hiatus auf rechnung des dichters zu setzen sein, der die von Morungen nicht herrührende strophe verfasst hat.

Dass aber C 40 ebenso wie C 39 ein späterer zusatz zu den drei echten strophen des liedes ist, lässt sich anderweit beweisen. Zwar der von Schütze erhobene vorwurf, der zusammenhang zwischen den 3 ersten und den 5 letzten versen der strophe sei nicht recht klar, ist zurückzuweisen; denn die klage über die merker ist als thema der ganzen strophe durchaus festgehalten: „Wollte sie anstatt des sprechens mein denken und anstatt der (lauten) klage mein (stilles) trauern verstehen, so würde ihnen (den 131, 27 erwähnten *hüetaeren*) das verständnis dieser neuen art von unterhaltung mangeln." (Schütze erklärt falsch: da würde es den aufpassern an veranlassung zu neuer böser nachrede fehlen.) „So aber ist man um der hüter willen gezwungen, etwas anderes zu sagen als man meint, und das, was man sagen möchte, zu verschweigen."

Solange man die strophe nur für sich betrachtet, ist kein beweis für ihre unechtheit zu erbringen, wohl aber, wenn man ihr verhältnis zu den drei übrigen, in beiden hss. erhaltenen strophen berücksichtigt. Diese bilden nämlich, und zwar in der ordnung, in der sie in A auf einander folgen, ein lied mit einer durchaus folgerichtig entwickelten gedankenreihe. Gleich die ersten beiden zeilen enthalten gewissermassen das thema des ganzen liedes; freilich müssen sie richtig interpretiert werden; es ist aber weder die im mhd. wb. noch die von Gottschau gegebene erklärung richtig, wie Schütze ausführlich nachweist, sondern allein Burdachs übersetzung: „ich bin immer ein anderer und nie der gleiche in der heftigen liebe", die mich beherrscht. (Der genitiv drückt die beziehung aus, in welcher das prädikat gilt, wie in den von Paul, mhd. gr. ² § 266 zusammengestellten beispielen: *si was ir edelen minne Sîvriden undertân*, u. a. m.) Es ist, wie Burdach sagt, „die beständige veränderung der stimmungen des liebenden herzens, wo höchste freude und tiefstes weh hart nebeneinander liegen", von der der dichter spricht. Und dieses weh möchte er seiner geliebten klagen, wenn er sich ihr nur einmal unbeobachtet nähern könnte. Was ist es denn nun aber, das ihn quält? Die zweite strophe giebt die antwort auf diese frage: die eifersucht ist es, die ihm neben den süssen freuden der liebe auch deren bittre leiden zu kosten giebt. In heftigen worten giebt er seiner eifersucht ausdruck; aber dann lenkt er auch wieder ein und fügt das gelübde hinzu, sein leben lang solle sie, die angebetete, seine freude und wonne bleiben. Und ergriffen von dem lebhaften gefühl jener wunderbaren mischung von freude und leid in der minne ergeht er sich in der schlussstrophe in betrachtungen über *liebe* und *leide*, die er auch in einem andern liede zusammen angeführt hat; 129, 33 *diu liebe und diu leide, die wellen mich beide fürdern hin ze grabe.*

Wo ist nun in dieser gedankenreihe, die das thema *liebe und leide* variiert, ein platz für jene klagen über die hüter in den beiden strophen C 39 und 40? Denn auch von jener, bereits aus andern gründen als unecht erwiesenen strophe gilt, was hier von dieser zu sagen ist. Liegt es nicht auf der hand, dass beide nach C 38 von einem nachdichter eingeschoben sind, der das dort nur ganz nebenher gestreifte motiv der klage über die merker breiter auszuführen sich vornahm?

Aus der vorstehenden analyse des echten dreistrophigen liedes folgt nun aber auch, dass Burdach (dem Schütze folgt) mit unrecht die letzte strophe (A 17) von den übrigen loslösen und als selbständiges lied betrachten zu müssen glaubt; denn mit den beiden später hinzugedichteten strophen hat sie allerdings „inhaltlich gar nichts gemein", wohl aber schliesst sie sich aufs engste an A 15 und 16 an.

Ferner ist klar, das Schütze irrt, wenn er A 16 athetiert und aus A 15 und den beiden unechten strophen sich ein lied konstruiert, das er dann freilich zuletzt auch für nicht Morungisch erklärt.

Endlich versteht es sich nun von selbst, dass die reihenfolge der strophen in C auch nicht richtig sein kann, die Gottschau — unter der voraussetzung, C 39 und 40 seien echt — verteidigt. Der nachdichter konnte freilich, da er (wie Schütze) in A 15 = C 38 das hauptgewicht auf die erwähnung der hüter legte und in diesem sinne seine beiden strophen (C 39 und

40) dazu schrieb, mit der eifersuchtsstrophe (A 16 = C 42) nichts rechtes anfangen und verwies sie ganz ans ende, noch hinter A 17 = C 41.

Uebrigens scheint es, als habe der nachdichter auch die eingangsworte des ganzen liedes auf die merker bezogen und, ebenso wie das mhd. wb., erklärt: „ich kann sie nie ohne hüter sehen." Auf diese vermutung führt wenigstens die lesart, in welcher C jene worte bietet: *ich bin iemer der ander, niht der eine.* Sobald der bestimmte artikel vor *ander* stand, war die oben erwähnte, richtige (Burdachsche) unterpretation eigentlich nicht mehr möglich. Dass nun aber die lesart von C falsch ist, versteht sich — abgesehen davon, dass sie das versmass verletzt — nach allem gesagten von selbst.

Was die übrigen varianten betrifft, so fällt zunächst auf, dass C korrekter geschrieben ist als A. Es sind nämlich in A folgende schreibfehler zu verbessern: 131, 27 *waten : wacren,* 28 *werbe : were (waere)*; dem schreiber kam das *b* in die feder, weil seine gedanken schon bei dem folgenden worte *bî* waren; 34 *son : von*; das vorhergehende *alsô* veranlasste den fehler; 36 *aber : hât aber*; Haupt scheint anzunehmen, *aber* stehe statt *habet,* doch schreibt A sonst niemals diese längere form; der vers ist freilich, wenn man *hât aber* liest, ebenso wie in C, zu lang und kann wohl kaum anders als durch streichung des für den sinn entbehrlichen *aber* geheilt werden; 132, 1 *wa : ia*; der schreiber war in gedanken schon bei dem folgenden *enwil*; 20 *liebe : leide.* Und auch die beiden auslassungen 131, 38 *ist «al» mîn* und 132, 2 *mir«n» sî* sind wohl der flüchtigkeit des schreibers zur last zu legen. — Dagegen hat sich der schreiber von C nur zweimal verschrieben: 131, 29 *si*:*ich*, 132, 23 *mir gît*:*gît mir*.

Sonst lässt sich an keiner stelle beweisen, dass die lesart von C besser sei. Zwar hat Gottschau diesen nachweis für die vv. 131, 30 und 31 zu führen versucht; A liest: *eteswenne mit sange ir wol künden möhte ich mich* u. s. w., C dagegen: *eteswenne mit gelasse ir künden unde mich* u. s. w. Was nun das *und* in v. 31 betrifft, so zerstört es, indem es die verse 30 und 31 verbindet, den syntaktischen bau der verse 27—32 im ganzen; denn es macht 29—31 zum nachsatze zu dem vordersatze 27—28, und 32 hinkt als ein zweiter nachsatz unvermittelt hinterdrein. Diese schwierigkeit, von der Gottschau freilich kein wort sagt, nötigt doch wohl, wie auch Schütze will, mit A *möhte ich mich* u. s. w. zu schreiben. Damit aber verschwindet auch der strenge parallelismus zwischen *toup* und *blint*, *rede* und *gelaeze*, um dessen willen Gottschau C den vorzug giebt, und es hindert nichts, auch v. 30 mit A *sange* zu lesen. Gottschau meint zwar, aus *sange* sei schwerlich durch änderung *gelaeze* entstanden; durch zufällige änderung freilich nicht, aber warum nicht durch absichtliche? Diejenigen, die den text des dichters so schwer entstellten, waren ja, wie die unechten strophen beweisen, selber poeten, wenn auch nicht von Gottes gnaden, so doch mit eigenen gedanken. Dasselbe etwas pedantische wohlgefallen an einer „schärferen und hübscheren gegenüberstellung", das den bearbeiter des liedes 123, 10 zu der änderung *mîn êrste und ouch mîn leste freude* veranlasst hat (s. § 3), hat wohl auch hier aus *sange* das dem *blint* (wie *rede* dem *toup*) entsprechende *gelacze* entstehen lassen. — So wird denn also auch in v. 27 statt des noch dazu das versmass verletzenden *owê waeren* vielmehr *waeren nu* zu schreiben sein, desgleichen in v. 32 *so wurde wunders vil* statt: *so wurde ir wunder vil*.

In der 2. strophe ist v. 35 nach Schützes meinung unbeholfen; das wäre richtig, wenn man mit C das adverbium *minnecliche* lesen wollte; denn dann würde *ir ansên machen* nur eine umschreibung sein für das einfache verbum *ansên*. Der text in A aber (*minneclîch niht machen*) ist einwandsfrei, gleichviel ob man *ansên* aktivisch oder passivisch auffasst (*aspectum amoris plenum* oder *amabilem facere*).

In der nächsten zeile hat C: *da ze schouwen an ir*; diese lesart verletzt erstens das versmass, zweitens giebt das *da* keinen rechten sinn; beide bedenken sind in A vermieden: *ze schouwen daz an ir*.

v. 38 *ir* A: *der* C; vergl. Paul, mhd. gramm.[2] § 345: „Wenn an einen relativsatz ein zweiter mit *unde* anzuknüpfen wäre, so geht man häufig in demonstrative konstruktion über, jedoch mit der wortstellung des relativsatzes, namentlich wenn der zweite satz einen andern casus des pron. verlangt als der erste."

132, 1 *ia enwil* A: *ione wil* C (*ioch enwil* B, was dasselbe ist); auch hier hindert nichts, A zu folgen.

Am stärksten ist die dritte strophe in C entstellt. Morungen dekliniert *minne* gern schwach: (vergl. das in § 5 zu 127, 10 gesagte und Weinhold § 461); so hatte er denn auch hier (132, 19) gesagt: *sît si herzeliebe heizent minnen*, und wenn auch der oberdeutsche schreiber von A das *n* weggelassen hat, so hat er doch in dem durch den reim mit v. 19 gebundenen v. 21 den echten text getreulich bewahrt: *in mînen sinnen*, während in C dafür der sing. gesetzt ist: *in dem sinne*. Die änderung griff aber noch weiter um sich, indem in v. 19 *diu herzeliebe heizet* an stelle des echten *si herzeliebe heizent* trat und *minne* nun als nominativ aufgefasst wurde; so war denn glücklich der dichter korrigiert, der sich erlaubt hatte, das verbum *heizen* in v. 29 transitiv und in v. 30 intransitiv zu gebrauchen! Dasselbe pedantische streben nach gleichmässigkeit erzeugte dann auch in v. 31 die lesart *herzeliebe* statt des einfachen *liebe*, weil es ja in v. 29 auch so stand. Nun war aber der vers zu lang: flugs wurde *dicke* weggelassen und statt: *mînen* gesagt: *dem*.

Während aber alle diese änderungen nur den wortlaut der dichtung entstellen, verletzt in demselben verse das *wont* auch ihren sinn. Der optativ ist durchaus nötig; denn erstens müsste sonst auch im nächsten verse stehen: *liep hân ich gerne* (wie in B auch wirklich überliefert ist), nicht *hat* (A) oder *het* (C), womit in beiden hss. der optativ *haet* gemeint ist; zweitens könnte doch dem gedanken: „die liebe sucht mich häufig heim" in bezug auf das leid nur der andere entsprechen: „das leid aber verschont mich", (also auch v. 22 *leides enbir ich wol*, nicht *enbaere*). Aber das leid ist es ja grade, das den dichter mit der liebe um die wette plagt und ihm die ganze betrachtung eingibt; er wünscht sich also: „möchte doch die liebe recht oft in meinem herzen wohnen!" Die hs. B hatte, trotz des *hân* in v. 22, das richtige *won* ursprünglich erhalten;

dann aber sah entweder der schreiber selbst oder ein leser, dass das zu dem indikativ *hân* nicht stimmte, und schrieb ein *t* dazu, so dass jetzt *wont* dasteht. (Näheres über B s. §§ 14 und 15.)

Und nicht weniger als die erste hälfte der strophe ist die zweite in C entstellt; der dichter schliesst (nach A) seine erörterung über *liebe* und *leide* mit dem gedanken ab: die *liebe* macht mich stolz und freudig, von der *leide* aber weiss ich nur, dass sie mir stets trauer erregt. In C aber ist an stelle der *liebe* in v. 23 *diu guote* getreten, womit doch wohl (wie z. b. 136, 25) die geliebte gemeint ist; dafür hat dann die *liebe* aus v. 25 die *leide* verdrängt; dass dies aber nicht etwa nur ein schreibfehler ist (wie in v. 20 in A), beweist das *nâch* in v. 26, das ganz folgerichtig für das echte, nun nicht mehr passende *von* eingesetzt wurde. — Schliesslich ist noch zu erwähnen, dass C in v. 20 ein das versmass verletzendes *niht* hinzugefügt hat, wie ja übrigens auch in v. 23 die lesart *diu guote* dem verse einen auftakt giebt, den er nicht haben darf.

§ 7.

A 12—14, C 43—45, (B 22—25), MF 132, 27—133, 12, Bartsch 184—207.

Gottschau 347, Michel 56, Schütze 7.

In C beginnt das lied mit der strophe 132, 35 ff., die in A an zweiter stelle überliefert ist. Es ist aber natürlicher, dass die klage über die hartherzigkeit der dame (132, 27—30) und die versicherung seiner unwandelbaren treue (31—34) vom dichter an den anfang des liedes gestellt und erst dann, mit bezug darauf, die bitte ausgesprochen wird: *nu bin ich doch dîn: mahtu troesten mich vil senenden man?* (Uebrigens hat auch die hs. B die ursprüngliche reihenfolge bewahrt).

Drei schreibfehler sind in A zu verbessern: 132, 30 *clage: clagete*; 35 *si hât [ein] liep ein*; durch das zweite *ein* ist der fehler hervorgerufen; 36 *naher: nâch ir*. Im übrigen muss an mehreren stellen der text in A jedenfalls als echt gelten, und zwar teils aus metrischen gründen: 132, 29 *swaz* A: *swaz sô* C; 36 *daz ir : daz*; 37 *gelîch : gelîchen*; 133, 6 *aller slahte : aller*; 11 *sô : alsô*; teils um des sinnes willen: 133, 8 *mînen dienest sô : daz si mich alsô*; 10 *daz : und* (wegen des vorhergehenden *sô* in v. 9). Demnach werden auch an folgenden stellen die lesarten von A vorzuziehen sein: 132, 28 *solde: koende*; 36 *oder : und*; 37 *muost : solt*; 38 *selchen : bezzern*; *des wol : wol des* (*des* mit Bartsch zu streichen geht nicht an: denn die betonung *sô swüer ich wol* ist unerträglich; man wird sich entweder den auftakt gefallen lassen oder *sô* streichen müssen); 133, 2 *liebe schoene : herzeliebe*; 5 *tugenden : tugende*; *werdekeit : staetekeit*; 6 *sô : wol*; 7 *einen : eine* (adverbium); 9 *sô : alsô*; 10 *der : diu* („der gen. hängt von *breit* ab", Bartsch); *dâ nieman wirt : ist nienen mê*; 11 *als : umbe*; 12 *swenne ir : sô diu*. Aber auch 133, 1 wird nach A zu schreiben sein: *für die nahtegal⟨e⟩ wolte ich hôhe singen dan*, nicht, wie Gottschau will: *für die nahtegal wolte ich ir hôhe singen an*.

§ 8.

A 1—3, C 57—59, MF 136, 1—24, Bartsch 240—263.

Paul 550, Gottschau 348, Michel 57, Schütze 10 und 39.

In diesem liede ist die verschiedenheit beider hss. auf eine reihe von textesvarianten beschränkt. A enthält zwei schreibfehler: 136, 15 *spreche : sprüche*, 19 *betwingen : betwungen*. — An vier stellen, die in A einwandsfrei sind, verletzt C das versmass: 1 *ich* A: *ich also* C, 3 *gar aller : aller*, 10 *alse : als*, 18 *mîner : der*. Ferner giebt in v. 24 das in C überlieferte *ach* keinen sinn; es ist also mit A *ê* zu schreiben.

In sechs weiteren fällen hindert wenigstens nichts, die lesarten von A für die echten zu halten: 4 *nie : nien*; 11 *kleinem : kleinen*; 13 *alswîgende : als swîgende*; 19 *und : wan* (*niht* und *wind* sind hier synonyma; Morungen liebt solche zusammenstellungen; vergl. Burdach 97 und das in § 3 zu 123, 14 gesagte); 22 *mir : mirn*; 23 *dur : nâch*.

Auch in v. 24 scheint in A das richtige zu stecken, nämlich: *er naem[e] mich hin zuo zim ê mîner tage*. Das ausdrucksvolle *hin* fehlt in C; aber auch Haupt (dem Bartsch folgt) mochte es nicht entbehren: er strich deshalb *zuo*.

Dagegen sind in A die vv. 14 und 21 zu kurz, 20 zu lang, während in C alle drei das richtige mass haben. Zwar in v. 14 (*swie* A : *swie dicke* C) lässt sich der fehler in A auf rechnung des flüchtigen schreibers setzen, nicht jedoch in den vv. 20 und 21; hier liest A: *sît si mir niht geloubet daz ich von ir sage und ich ir doch sô holdez herze trage*, C: *sît si mir niht geloubet daz ich sage wie ich si minne und wie ich ir holdez herze trage*. Dazu ist nun zunächst — abgesehen von metrischen fragen — zweierlei zu bemerken, nämlich erstens, dass die verschiedenen lesarten der beiden verse inhaltlich untereinander in zusammenhang stehen: in v. 20 sind die worte *von ir*, streng genommen, nur dann berechtigt, wenn in v. 21 nicht, wie es in C geschieht, als inhalt dessen, was er sagt und sie ihm nicht glaubt, angegeben wird: *wie ich si minne* u. s. w. Demnach würde sich die auslassung der worte *von ir* in C leicht erklären lassen, nämlich unter der voraussetzung, dass auch v. 21 in C nicht in ursprünglicher, sondern in entstellter gestalt vorliegt; nimmt man dagegen umgekehrt an, beide verse seien in A unecht, in C echt überliefert, so ist doch noch keineswegs einzusehen, aus welchem grunde die immerhin entbehrlichen worte *von ir* in A hätten hinzugesetzt werden sollen.

Zweitens spricht zwar in v. 21 für C die auch sonst von Morungen gern angewendete verbindung synonymer begriffe (vergl. das oben zu v. 19 gesagte), aber nicht minder für A die grössere kraft und schönheit des ausdrucks, zu der besonders die drei worte *und*, *doch* und *so* beitragen. Das *und* ist hier so gebraucht, wie bei König Konrad dem Jungen MSH I 4 *si sol sich lân geriuwen wol der ungetât ... daz si mîn herze lât in ungemücte, und ich mich ie mit dienste in ir genâde bôt*, bei Rudolf von Rotenburg MSH I 89 *wie hân ich gedienet daz, daz si hât sô vil der vröude an mir zerbrochen, und ich ir mit triuwen nie vergaz*, oder bei dem von Obernburg MSH II 225 *owê daz mich diu liebe des niht âne tuot, und ich ir mîne besten tage mit stæte her gedienet hân*. (Diese und andere belege für das mit ungeachtet zu übersetzende *und* s. bei Beneke z. Iwein 155.)

Bei alledem bleibt das eine bedenken bestehen, dass A gegen das versmass verstösst und C nicht. Da aber diese stelle in der that die einzige in allen liedern Morungens sein würde, an der man in A eine nicht durch blosses versehen des schreibers entstandene textverderbnis annehmen müsste (denn 125, 24—25 ist besonders zu beurteilen; s. § 11), so wird es erlaubt sein, auch hier den text in A als dem originale ganz nahe stehend anzusehen und den in C als den versuch eines späteren, die richtige metrische form wiederherzustellen. Beweisen lässt sich das freilich nicht; auch wird sich die stelle auf grund der lesart in A nicht leicht heilen lassen; denn dass Morungen etwa gesagt habe: *sît si mir niht geloupt deich von ir sage* — ist ebenso unwahrscheinlich wie das vorhandensein einer lücke in v. 21. (Oder sollte der ursprüngliche text vielleicht gelautet haben: *sît si mir niht geloubet daz ich sage von ir, und ich ir doch sô holdez herze trage.* Vergl. 123, 22 f. *waer ir mit mîme sange wol, so sunge ich ir,* 123, 38 f. *ichn hân niht wan ein schouwen von ir und den gruoz,* 131, 1 f. *owê des scheidens des er tete von mir, do er mich vil senende lie.*) Auch ist nicht zu leugnen, dass grade dieses lied in C sonst ziemlich gut überliefert ist; Bartsch notiert sogar zu v. 18 das gewiss richtige, von Paul durch konjektur gefundene *heis* (statt *heiz*) als lesart von C. Diese hs. scheint hier, wie Gottschau mit recht hervorhebt, aus einer A nahestehenden quelle geschöpft zu haben; darauf deuten erstens zwei in beiden hss. überlieferte, schwer zu heilende fehler, v. 7 *gebluet* und v. 13 *und ein verholner wân*, zweitens der umstand, dass dieses und das folgende lied die einzigen sind, die C in derselben reihenfolge giebt wie A.

§ 9.

A 4—7, C 60—62, (p 17—19), MF 136, 25—137, 9 und s. 286, Bartsch 264—279.

Gottschau 348, Schütze 12.

Ueber die hs. p, insbesondere über die in ihr allein überlieferte strophe 137, 4—9 s. § 16.

A und C weichen wieder bedeutend von einander ab, nämlich 1) in der zahl der strophen, und zwar ist es hier auffallenderweise die hs. A, die eine strophe mehr enthält (A 7), 2) in der reihenfolge der strophen (A 5 = C 62, A 6 = C 61), und 3) im text. Zwar die varianten sind weder zahlreich noch wichtig; in A sind vier schreibfehler zu verbessern: 137, 3 *got*:*golt* (in MF nicht angemerkt), *begramen*: *begraben*; ferner sind in v. 136, 35 vor *taget* mehrere worte ausgefallen; in C steht: *diu mir sô wünneclîchen taget*; dies passt aber nicht in den vers, es wird also das für den sinn entbehrliche *mir* mit Haupt zu streichen und anzunehmen sein, dass der schreiber in A hat schreiben wollen: *diu sô wünneclîchen taget*. Als ein blosses versehen des schreibers endlich muss auch in der zeile vorher das unverständliche *ez* angesehen werden; jeder herausgeber würde statt *ich ez*, auch wenn C nicht zur verfügung stände, das allein mögliche *ichs* (= *ich si*) herstellen. — In C ist 137, 1 aus versehen das wort *got* ausgefallen.

Sonst sind die lesarten in beiden hss. von ziemlich gleicher güte: 136, 32 *wie* A: *wen* C, 35 *die vil lieben*: *mîn vil liebe*; 37 - 38 *die der frouwen hüetent, den*: *swer der frouwen hüetet, dem*; 137, 2 *und der welte ein bilde*: *al der welte ein wünne*. In diesem letzten falle spricht einiges für A: die verbindung der satzglieder durch *und* ist gefälliger, und die zusammenstellung *spiegel und bilde* (d. i. vorbild, ideal) entspricht Morungens mehrerwähnter vorliebe für verbindung synonymer begriffe. Jedenfalls steht nichts im wege, der hs. A durchweg den vorzug zu geben; und den verdient sie denn auch bezüglich der anordnung der strophen: denn an das gleichnis von der untergehenden sonne am schlusse der str. A 4 (= C 60) schliesst sich, wie auch Schütze hervorhebt, der anfang der str. A 5 (= C 62) unmittelbar an mit den worten: *ich muoz sorgen, wie diu lange naht zergê*; dieser zusammenhang wird in C durch die str. 61 (= A 6) unterbrochen, was um so störender wirkt, als diese strophe am schlusse noch ein zweites, ganz anderes gleichnis bringt: *waz sol golt begraben, des nieman wirt gewar?*

Was nun die in A allein überlieferte strophe angeht, so ist sie von Lachmann, da sie zu dem inhalte des liedes nicht passe, als unecht in die anmerkungen verwiesen worden. Gottschau erklärt sich damit einverstanden; Bartsch, der die strophen A 4—6 (und p 19) in seine liederdichter aufgenommen hat, erwähnt sie daselbst überhaupt nicht; auch Schütze würdigt sie keines wortes. Doch hat Lachmann wenigstens die drei schreibfehler, die sie enthält, zu verbessern unternommen; es ist nämlich in der 2. zeile statt: *der* zu

lesen: *diu*, in der 5. statt: *uñ den*:*undern*; dagegen
ist *heizest* in der 2. zeile offenbar nicht, wie Lachmann
meinte, für *hicz et* verschrieben, sondern für *heizet*;
denn auch in zeile 3 steht das praesens: *erst* (= *er ist*)
von Troie u. s. w. Durch diese verbesserungen aber
ist ein text gewonnen, an dem alles klar und leicht
zu verstehen ist — bis auf das eine wort *Ascholoie*.
v. d. Hagen erklärt (MSH IV 123, anm. 7): „*Ascholoie*
in dieser nur durch die Heidelberger hs. gebotenen,
überzähligen strophe verstehe ich nicht." Lachmann
bemerkt: „das erste wort ist schwerlich der name einer
romanheldin: denn es müsste eine sehr bekannte schön-
heit sein. wäre *La jolive* gemeint, so hätte der dichter
in der endung gefehlt." Durch diese anmerkung aber
hat Lachmann nicht nur Haupt, sondern, wie es scheint,
auch alle folgenden herausgeber und kritiker auf eine
falsche bahn geführt; denn Haupt ist auf den gedanken
gekommen, es könnte vielleicht die kaisertochter *Ache-
loyde* aus dem Kranich Bertholds von Holle gemeint
sein, und gegen diese vermutung ist bisher von keiner
seite einspruch erhoben worden; vielmehr hat Bartsch
zu Berthold von Holle, einl. s. XXXIII sie ausdrück-
lich gebilligt. (Vergl. auch Germ. III 306.) An irgend
eine beliebige romanheldin zu denken, verbieten aber
doch ganz zweifellos die worte: *erst von Troie Pâris
der si minnen sol*. Man erinnere sich, dass die minne-
sänger, wie Burdach s. 25 ausführt, „sich und ihre ge-
liebten gern mit den aus sage und dichtung bekannten
liebespaaren vergleichen", z. b. Friedrich von Hausen
42, 1 mit Aeneas und Dido; Heinrich von Veldeke
58, 35, Bernger von Horheim 112, 1, Ulrich von Lichten-

stein 394, 27 mit Tristan und Isolde; Ulrich von Gutenburg 74, 23 mit Floris und Blanscheflur; derselbe 77, 12 mit Turnus und Lavinia. So kann denn auch in der strophe A 7, falls sie überhaupt sinn und verstand haben soll, schlechterdings nur von Paris und Helena die rede sein, einem liebespaare, dessen z. b. auch in den carm. Bur. ed. Schmeller no. 105, 3, 5 erwähnung geschieht: *si tu esses Helena, vellem esse Paris.* (Martin zfda XX 66.)

Wie aber kam der dichter dazu, Helena *Ascholoie* zu nennen? In dem Ovidianischen briefe *Paris Helenae* (es ist in Ehwalds Ovidausgabe der 15., sonst der 16.) spricht Paris unter anderm den wunsch aus, es möchte ihm vergönnt sein, Helena durch eine heldenthat zu erringen, wie Herakles im kampfe mit dem flussgotte Acheloos die Deianira als siegespreis davongetragen habe. Die stelle lautet folgendermassen (v. 267 f.):
ut ferus Alcides Acheloia cornua fregit,
dum petit amplexus, Deianira, tuos.
(Zur sache vergl. Ov. met. IX 86 f.). Hier konnte jemand, der die anspielung auf die Heraklessage nicht verstand, das wort *Acheloia*, anstatt es mit *cornua* zu verbinden, als einen vocat. sing. fem. auffassen, als ob dastände: *ut ferus Alcides, Acheloia, cornua fregit*, und musste dann glauben, mit *Acheloia* sei die empfängerin des briefes, Helena, gemeint.

Diese vermutung mag auf den ersten blick zu gewagt erscheinen; aber wenn man bedenkt, das Paris' geliebte in demselben briefe in v. 1 *Ledaea*, 100 und 308 *Tyndari*, 128 *Oebali nympha* angeredet wird, so wird man die möglichkeit zugeben müssen, dass ein mit der griechischen sage nicht genauer vertrauter leser auch hinter dem worte *Acheloia* eine nur gelehrten kennern verständliche bezeichnung der Helena witterte. Dass aber der verfasser unserer strophe den brief Ovids wirklich gelesen habe, ist durchaus wahrscheinlich, weil ein gedanke des lateinischen dichters bei dem deutschen wiederkehrt. Ovid lässt Paris in bezug auf den schönheitsstreit der göttinnen folgendes an seine geliebte schreiben (v. 139 f.):

si tu venisses pariter certamen in illud,
in dubium Veneris palma futura fuit;

und die str. A 7 schliesst mit den worten. *ob er kiesen solde undern schönsten die nu leben, so wurde ir der apphel, waere er unvergeben.* Freilich ist der apfel bei Ovid, der hier die ältere fassung der sage wiedergiebt, nicht genannt; aber dass er, nach der jüngeren version, der siegespreis war, den Venus davontrug, konnte zu Morungens zeit jeder freund der litteratur schon aus Veldekes Eneide wissen, wo es v. 160 f. (Behaghel) heisst: *dorch den appel van golde, den Pâris Vênûse gaf*[1]). Uebrigens lässt die selbständigkeit in der wiedergabe des ovidischen gedankens, sowie die formgewandt-

---

1) Wenn es richtig ist, dass die vv. 139 und 140 des ovidianischen briefes ums jahr 1200 einem deutschen dichter vorlagen, so ist damit zugleich ein neuer beweis für die echtheit der vv. 39—144 erbracht. Dieselben sind nämlich nur in zwei drucken und einer hs. des 15. jdts. überliefert, während sie in den auf uns gekommenen alten hss. fehlen. Man hat sie deswegen für eine fälschung der renaissance erklärt; doch sind sie von andern wieder mit glück verteidigt worden, zuletzt von Wentzel in seiner in Göttingen 1890 als manuskript gedruckten abhandlung: Die Entführung der Helene. Bemerkungen zu der ovidischen Epistel des Paris.

heit, mit der die ganze strophe verfasst ist, auf keinen schlechten dichter als verfasser schliessen; und in der that ist die echtheit der strophe nicht im geringsten zweifelhaft. Denn jenen schnitzer mit dem worte *Acheloia* kann natürlich Morungen so gut wie jeder andere gemacht haben, und dem einwande Lachmanns, die strophe passe nicht zu dem inhalte des liedes, würde man auf alle fälle mit Haupts annahme einer „einzelnen oder zu einem verlorenen liede gehörigen strophe" begegnen können; wie denn Bartsch diese annahme gebilligt haben muss, da er zu Berthold von Holle, einl. s. XXXIII f. die strophe für echt erklärt und sie trotzdem, wie erwähnt, nicht in seine liederdichter aufgenommen hat.

Die strophe ist aber nicht nur echt, sondern auch ein — freilich entbehrlicher — teil des liedes; denn wenn auch der gedankengang desselben mit der str. A 6 seinen abschluss findet, so weisen doch die worte: *Ascholoie diu vil guote heizet wol* so deutlich auf den eingang des liedes hin (*diu vil guote, daz si saelic müeze sîn*), dass man nicht fehlgehen wird, wenn man annimmt, die strophe sei in der art eines geleites vom dichter dem liede angehängt worden. Diez, poesie der troubadours, sagt über das geleit bei den provençalischen dichtern folgendes (1. aufl. s. 93): „Der zweck des geleites war mehrfach, vorzüglich aber der, auf die dame, welcher das gedicht im stillen gewidmet war, hinzudeuten und ihr eine ehre zu erzeigen: denn gewöhnlich ist in dem geleite der wirkliche oder allegorische name derselben niedergelegt." Der dichter erweist nun aber in dieser angehängten strophe nicht nur seiner dame (in den beiden letzten zeilen) eine sehr hohe ehre, sondern er schlägt auch den hütern, gegen die er in dem liede selbst den bann geschleudert hat, ein schnippchen, indem er ihnen einen namen seiner geliebten zu hören giebt, an dessen deutung sie sich die köpfe zerbrechen können. So ist denn auch inhaltlich eine deutliche beziehung zwischen dem liede und der geleitstrophe zu erkennen. Ganz ähnlich neckt Walther seine feinde in dem doppelten geleite, das er dem liede 73, 23—74, 19 L. beifügt, indem er seine geliebte, mit anspielung auf ein berühmtes liebespaar und im hinblick auf seinen eigenen namen, *Hiltegunde* nennt. Freilich ist bei Walther auch äusserlich die übliche form des geleites gewahrt, während Morungen eine ganze strophe hinzugefügt hat. Vergl. Diez s. 94: „bemerkenswert ist die form des geleites. sehr selten bildet es eine ganze strophe, sondern stellt nur den letzten teil oder schluss derselben dar." Dass übrigens Morungen jene gewöhnliche form auch nicht fremd war, zeigt das geleit an dem liede 137, 10—27, wiewohl sich dies wieder inhaltlich weit enger an das lied anschliesst. (Ueber die versteck namen und das geleit bei den troubadours handelt auch Michel 142—145, aber ohne die strophe A 7 zu erwähnen).

Dass man nun aber später jene strophe wegliess und dass sie infolgedessen in C fehlt, ist sehr begreiflich, weil man mit dem worte *Ascholoie* eben nichts anzufangen wusste und im übrigen wohl einsah, dass die strophe inhaltlich entbehrlich war.

§ 10.

A 21—22, C 63—64, MF 137, 10—26, Bartsch 280—296.

Pfeiffer, Germ. III 504, Gottschau 375, Burdach 21, Schütze 79.

Abgesehen von drei unbedeutenden textvarianten stimmen A und C in der überlieferung dieses liedes völlig überein. 137, 11 *ein vil lützel* A: *ein lützel* C; das versmass spricht für A; 12 *langer*: *lange*; der zusammenhang verlangt den komparativ. An beiden stellen hat vielleicht nur die flüchtigkeit des schreibers von C die entstellung des echten textes verursacht, jedenfalls aber an der dritten: v. 22 fehlt in C ganz. Hier findet sich aber auch in A ein kleines versehen; denn statt des richtigen *neina nein*, das C in v. 21 giebt, hat sie *neina neina nein* und dafür in v. 22 ein *neina* weniger als das versmass verlangt.

Gegen den vorwurf der unechtheit, den Pfeiffer wegen der reime *an*: *hân*, *sich*: *mich*, *nein*: *enzwein* gegen das lied erhoben hat, ist es von Gottschau und Schütze mit glück verteidigt worden. Hier sei nur noch auf eins hingewiesen: der umstand, dass das lied auch in A überliefert ist, darf nach den erörterungen der §§ 3—9 als ein weiterer beweis für seine echtheit angesehen werden.

§ 11.

A 25, C 13—16, (B 5—8), MF 125, 19—126, 7. Michel 69 und 78, Burdach 50, Schütze 6.

Während sich in den bisher besprochenen liedern alle in C überzähligen strophen als unecht ergeben haben, darf man an der echtheit der strophen C 14—16 nicht zweifeln; denn sie sind nicht nur nach form und inhalt vortrefflich, sondern sie stehen auch mit C 13 (= A 25) in gutem zusammenhange. Es ist also anzunehmen, dass dem sammler, der die in A überlieferte reihe Morungenscher lieder zusammengestellt hat, von dem ursprünglich vierstrophigen liede zufällig nur die 1. strophe bekannt gewesen ist. Zu dieser annahme aber stimmt vortrefflich der umstand, dass er diese strophe zusammen mit A 26, von der dasselbe gilt wie von A 25 (s. § 12), an den schluss seiner sammlung gestellt hat; er hat also offenbar gewusst, dass er hier nur bruchstücke gab: ein neuer beweis für die zuverlässigkeit des mannes. Freilich sind dann bei der aufnahme jener sammlung in die hs. A (oder ihre vorlage) noch nach der strophe 26 drei dem folgenden dichter, dem Truchsessen von St. Gallen, gehörige strophen (27—29) mit unter Morungens namen eingereiht worden. Aber die hs. ist ja überhaupt, wie Pfeiffers inhaltsverzeichnis auf s. IX—XII lehrt, in der angabe der verfasser sehr unzuverlässig (vergl. auch Roethe zu Reinmar von Zweter s. 144); und besonders in diesem falle ist des Truchsessen verfasserschaft nicht bloss durch die in dieser beziehung zuverlässigere hs. C, sondern auch noch dadurch gesichert, dass die neun strophen: Morungen 27—29 und Truchsess 1—6 in A in derselben reihenfolge überliefert sind, wie die entsprechenden strophen in C (Singenberg 17—25; MSH I 150b—151a). Das versehen der hs. A besteht also in diesem falle nur darin, dass die neue überschrift um drei strophen zu spät angesetzt ist.

Das lied 125, 19—126, 7 ist aber in A nicht bloss unvollständig, sondern an einer stelle auch mit einem von C abweichenden texte überliefert, nämlich 125, 24—25 *der mir dur die sêle enmitten in mîn herze gie* A: *der mir durch die sêle mîn mitten in daz herze gie* C. Die lesart in A ist zu verwerfen, weil sie gegen das versmass verstösst, aber doch auch insofern gewissermassen zu entschuldigen, als bei einer einzelnen strophe eine kontrolle des versbaus unmöglich ist.

§ 12.

A 26, C 69—73, MF 138, 17—139, 18; Paul 550, Schütze 10 und 39.

Auch von diesem in C fünfstrophigen liede giebt A nur eine, nämlich die zweite strophe, A 26 = C 70. Es ist aber sehr zu bedauern, dass uns die alte hs. hier im stiche lässt, denn gegen die echtheit der dritten und der vierten strophe, C 71 und 72, hat Schütze bedenken erhoben, die zum teil wohl begründet sind. Getrübt ist die überlieferung in C auf jeden fall: das beweisen die verschiedenen lesarten in der 2. strophe. An schreibfehlern sind in A zwei zu verbessern: 138, 27 *so* : *si*, 31 *swüeret* : *füeret* (der vers beginnt mit *swenne*); in C einer: 27 *won* : *wont*. An zwei stellen genügen die lesarten von A dem versmasse, die von C nicht: 27 *swen ich eine bin, si schînt mir vor den ougen* A: *si wont mir zallen zîten vor dien ougen* C, 29 *wie si gê dort her ze mir aldur die mûren* A: *wie si gê zuo mir dur ganze mûren* C. Aber auch in v. 32 hat A den ursprünglichen text bewahrt: *zeinem venster hôh al über die zinnen.* Hier ist nicht nur der weg, auf welchem, sondern auch das ziel, zu welchem sich der dichter in seinem wachen traume von der geliebten geführt sieht, deutlich angegeben; denn die worte *zeinem venster* deuten, nach dem bekannten gebrauche des unbestimmten artikels im mhd., auf ein ganz bestimmtes fenster hin, das in der erinnerung des ritters eine wichtige rolle spielt (vergl. auch 129, 16). Dagegen lässt die lesart in C (*mit ir wîzen hant hôh über die zinnen*) es unbestimmt, wohin sie ihn führt; der gedanke hat also seine anschaulichkeit eingebüsst. Freilich scheint Schütze die zinne als das ziel der wanderung anzusehen; denn sonst wäre er wohl nicht auf den wunderlichen einfall gekommen, in den worten eine anspielung auf die versuchungsgeschichte Jesu (Matth. IV 5) zu erblicken. Aber der dichter sagt nicht *ûf,* oder besser *an*, sondern *über die zinnen.* Das fenster, an das er denkt, muss sehr hoch, vielleicht in einem turme, gelegen haben, so dass man von da aus die zinne der burg übersehen konnte; übrigens spielt auch diese selbst eine rolle in seinem liebesleben: 140, 1 *ich vant si an der zinnen eine und ich was zir gesant.* Aus dieser stelle hätte Schütze beiläufig auch lernen können, dass *zinnen* in v. 138, 32 der acc. sing. ist (er übersetzt: über die zinnen, meint also doch wohl den plur.). Morungen dekliniert *zinne,* ebenso wie *minne,* gerne schwach; freilich steht 140, 1 und 3 in C *zinne* und *minne,* aber 140, 9, im reime darauf, *an den sinnen*; Haupt hat also mit recht die ursprünglichen, schwachen formen hergestellt.

Es bleiben noch drei varianten: 138, 25 *verban* A: *erban* C; 28 *sô bedunket*: *unde dunket*; 30 *ir rede und ir trôst*: *ir trôst und ir helfe*. Nichts hindert, hier überall A den vorzug zu geben; ja, man wird sogar, mit rücksicht auf v. 25, annehmen dürfen, dass in v. 139, 18, wo C *erbünne* giebt, ursprünglich auch *verbünne* gestanden hat.

§ 13.

Die ergebnisse der vorstehenden untersuchungen lassen sich, mit bezug auf vier von den in § 2 aufgezählten sechs differenzpunkten der hss. A und C, folgendermassen zusammenfassen:

Zu 1: A ist nicht bloss die ältere hs., sondern Morungens lieder sind in ihr auch in einer älteren, dem originale noch näher stehenden gestalt erhalten als in C.

Zu 3: Die eine in A überzählige strophe A 7 ist echt, wiewohl, als geleitsstrophe, für den zusammenhang entbehrlich (§ 9). Bezüglich derjenigen strophen, die C innerhalb der gemeinsam überlieferten lieder mehr enthält als A, sind zwei fälle zu unterscheiden, nämlich: 1) Die acht lieder, welche die strophen A 1—24 umfassen, sind in A vollständig erhalten (§§ 3—10). Die hier in C überzähligen strophen sind zusätze von jüngerer hand; es sind C 8 und 9 (124, 8—31; § 3), C 22 abgesang und 23 stollen (127, 18—28; § 5), C 39 und 40 (132, 3—18; § 6), im ganzen fünf an der zahl.

2) Von zwei liedern giebt A nur bruchstücke von je einer strophe (A 25 und 26), während sie in C vollständig überliefert sind (§§ 11 und 12).

Zu 5: Wo die hss. in der reihenfolge der strophen innerhalb der einzelnen lieder voneinander abweichen (§§ 3—7 und 9), spricht fast überall einer oder der andere grund für die in A vorliegende anordnung.

Zu 6: Bei den abweichungen der hss. im wortlaute der gemeinsam überlieferten strophen ist zu unterscheiden zwischen offenbaren schreibfehlern und wirklichen verschiedenen lesarten. Die zahl der ersteren ist in A weit grösser als in C; auch sind einige darunter, deren verbesserung entweder gar nicht oder doch nur mit einem geringen grade von wahrscheinlichkeit möglich sein würde, wenn C nicht erhalten wäre, nämlich die lücken in den vv. 124, 1 und 136, 35. Was aber die eigentlichen varianten betrifft, so erweist sich 1) an einer überaus grossen zahl von stellen der in C vorliegende text als entstellt oder gar als überarbeitet, was sich entweder aus sprachlichen oder metrischen gründen oder auf grund einer genauen analyse des inhalts streng beweisen lässt. Demnach sind 2) die lesarten dieser hs. auch in allen denjenigen fällen zu verwerfen, wo aus mangel an beweismitteln keine entscheidung möglich ist und die lesarten auf beiden seiten gleich gut zu sein scheinen. Desgleichen ist 3) an solchen stellen, wo keine von beiden hss. den echten text zu geben scheint, der in A erhaltene als dem ursprünglichen näher stehend zu betrachten. Und so dürfen denn wohl auch 4) die wenigen stellen, an denen A einen metrisch falschen, C einen in eben dieser beziehung unanstössigen text bietet, so beurteilt werden, dass der wortlaut, den C giebt, im eigentlichen sinne korrekt, d. h. von jemand, der den fehler bemerkte, korrigiert ist, während A den alten schaden treu konserviert hat (s. besonders § 8).

KAPITEL II.
Die übrigen handschriften.

§ 14.

Die hs. B: 1) ihr verhältnis zu A.

B, die Weingartner liederhandschrift aus dem anfange des 14. jdts., enthält unter Morungens namen 25 strophen; doch gehören ihm auch von den in B dem Dietmar von Aist zugeschriebenen die drei letzten (17—19); vergl. § 15. Von den neun liedern aber, auf welche sich diese 28 strophen verteilen, sind vier auch in A überliefert, nämlich MF 125, 19; 126, 8; 131, 25 und 132, 27; und da nun B, ebenso wie C, sowohl bezüglich der anzahl und reihenfolge der strophen, als auch im wortlaute der gemeinsam überlieferten partieen beträchtlich von A abweicht, so erhebt sich auch hier die frage, welche von beiden hss. dem originale näher steht. Weil aber jene vier lieder zugleich auch in C überliefert sind, so vereinfacht sich die beantwortung jener frage insofern ganz bedeutend, als alle diejenigen fälle, in denen B mit C gegen A geht, bereits im ersten kapitel ihre beurteilung gefunden haben. Dazu gehört aber **erstens**, mit ganz wenigen ausnahmen, die grosse menge der textvarianten; denn wenn man von offenbaren schreibfehlern und bloss orthographischen unterschieden absieht, so bleiben im ganzen nur sechs stellen, an denen B eine sowohl von A als auch von C abweichende lesart bietet, nämlich drei, an denen A und C übereinstimmen: 125, 22 *gedanken* AC: *gedenken* B; 132, 22 *hat* A: *het* C: *hân* B; 132, 29 *sine* AC: *si* B — und ebensoviele, an denen auch C von A abweicht, aber auf andere art als B: 126, 28 *den dürren* A: *ein dürrre* C: *ainen* B; 132, 21 *liebe von mir dicke in mînen sinnen* A: *herzeliebe wont mir in dem sinne* C: *herzeliebe wont in mînem sinne* B; 132, 28 *solte* A: *koende* C: *kan* B. Doch verdient B offenbar an keiner dieser sechs stellen den vorzug vor A; für die vv. 132, 21 und 22 ist sogar das gegenteil bereits in § 6 nachgewiesen worden.

Zweitens stimmt B überall, wo sie in der reihenfolge der strophen von A abweicht, mit C überein, nämlich in den liedern 126, 8 und 131, 25.

Drittens sind B und C auch bezüglich der anzahl der strophen bei den liedern 125, 19 und 131, 25 im einklang. Dagegen giebt B in dem liede 126, 8 eine strophe weniger und 132, 27 eine mehr als A und C. Die erste dieser beiden abweichungen ist schon in § 4 besprochen und daselbst die entscheidung zu ungunsten von B gefällt worden. Ueber die zweite ist folgendes zu sagen: Schon Lachmann hat die in B überzählige strophe 22 als „eine in der form verwilderte strophe von armseligem fremdem inhalt" in die anmerkungen verwiesen (MF s. 285), und zwar, wie auch Gottschau (345) urteilt, mit recht; denn der abstand zwischen der aus allgemeinen wendungen des späteren minnegesangs zusammengesetzten strophe und echter Morungischer poesie ist allerdings ebenso gross wie die verschiedenheit der in B 22 einerseits und in B 23—25 andrerseits ausgesprochenen gedanken; die formellen mängel aber sind sehr bedeutend, wenngleich nicht in dem grade, dass man die strophe für metrisch von den drei folgenden unabhängig erklären dürfte. Während nämlich die verse der echten strophen der reihe nach 5, 7, 5, 7, 7, 5, 3, 5 hebungen aufweisen, enthalten die der unechten 5, 8, 5, 8, 6, 5, 3, 5, und während dort die reimstellung a b, a b, b a a b ist, findet sich hier zwar der abgesang ebenso, die stollen aber überhaupt nicht gereimt. Da übrigens die gedanken der strophe, so unbedeutend sie sein mögen, doch weder an klarheit noch an folgerichtigkeit etwas zu wünschen übrig lassen, so wird man die metrischen mängel nicht schlechter überlieferung, sondern der unfähigkeit des verfassers selbst zuschreiben müssen. Die strophe darf also eigentlich nicht mit Lachmann „verwildert" oder mit Pfeiffer (s. 94 seines abdrucks der hs. B) „entstellt" genannt werden, sondern so, wie sie da steht, ist sie offenbar aus der hand ihres verfassers, der natürlich nicht Morungen war, hervorgegangen.

So ist denn also auch die in B vorliegende überlieferung, insoweit als sie von der in A gegebenen abweicht, durchweg als entstellt anzusehen — ein urteil, das freilich in bezug auf das in A nur fragmentarisch erhaltene lied 125, 19 dieselbe einschränkung erleidet, wie das über die hs. C gefällte.

§ 15.
Die hs. B: 2) ihr verhältnis zu C.

Wie sind nun aber diejenigen fälle zu beurteilen, in denen B und C voneinander abweichen? Diese frage muss um derjenigen fünf lieder willen aufgeworfen und beantwortet werden, welche in A fehlen und in B und C zwar gemeinschaftlich, aber nicht völlig übereinstimmend erhalten sind, nämlich 122, 1; 127, 34; 130, 31; 133, 13 und 134, 6.

Den gesamtbestand an strophen in beiden hss. nebst der bei der sammlung beobachteten anordnung veranschaulicht am besten folgende, im anschlusse an Gottschaus erörterungen auf s. 339 ff. aufgestellte übersicht:

I   C 1—4   = B 1—4
II C 5—12
III C 13—20 = B 5—11
IV C 21—34   [B 16]
V   C 35—45 = B 12—15, 17—25
VI C 46—50 = B Dietmar von Aste 17—19
VII C 51—104.

Hiernach kann man C als aus sieben einzelnen stücken zusammengesetzt ansehen, deren erstes, drittes, fünftes und sechstes auch in B aufnahme gefunden haben.

Das erste ist das lied MF 122, 1. Hier stimmen beide hss. fast völlig überein; nur vier varianten verdienen allenfalls angemerkt zu werden: 122, 19 *Got lasse si mir vil lange gesunt* B: *Got lasse mir vil lange leben gesunt* C; 23 *verre bekant*: *vil verre erkant;* 123, 7 *benennet: benenne;* 8 *unde: oder*. An den drei ersten stellen verdient B aus metrischen gründen den vorzug, an der vierten ist an und für sich keine entscheidung möglich.

Das dritte stück umfasst zwei lieder: 125, 19 und 126, 8; von dem letzteren fehlt die letzte strophe in B (vergl. § 4); im texte stimmen beide hss. bis auf geringe abweichungen überein; zweimal hat B bessere lesarten als C: 126, 30 *tugenden* AB: *tugende* C, 33 *al dur* A: *aldurch* B: *an durch* C (§ 4); dagegen steht in v. 25 C dem echten näher: *den dürren* A: *ein dürrre* C: *ainen* B; ebenso 125, 22 *gedanken* AC: *gedenken* B (§ 14).

Das fünfte stück besteht aus den drei liedern 130, 31; 131, 25 und 132, 27. Hier fehlt in C die erste strophe des ersten liedes (B 12); dieselbe ist aber nicht, wie Gottschau (345) vermutet, von C übersehen worden; denn nach Apfelstedts mitteilung (Germ. XXVI 218) sind in C auf fol. 78 ^{r}b zwischen den strophen *In dien dingen ich ir man* (130, 20—30) und *Owê des scheidens des er tet* (131, 1—8) acht zeilen freigelassen. Entweder war also die vorlage dieser hs. an der betreffenden stelle beschädigt, so dass der abschreiber die strophe nicht lesen konnte — eine annahme, bei der freilich nicht leicht einzusehen sein würde, warum der schaden nicht mehr und nicht weniger als grade die eine strophe betroffen haben sollte — oder, was wahrscheinlicher ist, die strophe fehlte in der vorlage, der abschreiber aber, der erkannt hatte, dass das lied 130, 31 ein wechsel ist, vermisste im anfange desselben eine mannesstrophe: jedenfalls liess er die acht zeilen in der absicht frei, seinen text später aus andern quellen zu vervollständigen. B scheint hier also besser unterrichtet zu sein, wenngleich auch die echtheit der str. B 12 nicht über jeden verdacht erhaben ist; denn mit recht hat Gottschau (374 f.) auf den völligen mangel eines zusammenhanges zwischen der ersten mannes- und der ersten frauenstrophe hingewiesen, „während es sonst charakteristisch für das wechsellied ist, dass die frauenstrophen im wesentlichen dieselben gedanken ausdrücken wie die mannesstrophen". (Ueber die kunstform des wechsels vergl. Brachmann, Germ. XXXI 461 ff.). Und Burdach irrt, wenn er (s. 82) den inhalt der str. B 12 mit diesen worten angiebt: „zuerst klagt der mann über das leid dieser trennung"; von einer solchen klage, wie sie allerdings mit rücksicht auf B 13 zu erwarten wäre, findet sich in B 12 kein wort. Schütze macht (s. 80) diesen mangel an zusammenhang sogar als einen beweisgrund gegen die echtheit des ganzen liedes geltend, geht aber darin offenbar zu weit. Wie oben gezeigt worden ist, war das lied vermutlich in der vorlage von C nur dreistrophig überliefert; ebendasselbe kann in der quelle, aus der B schöpfte, der fall gewesen sein; auch der schreiber dieser hs. konnte, so gut wie der von C, eine mannesstrophe am anfange vermissen, anstatt aber nur den nötigen raum für sie freizulassen, fügte er vielleicht, was ihm zu fehlen schien, gleich selbst aus eigenen mitteln hinzu. Andererseits spricht für die echtheit der str. B 12 der umstand, dass sie mit B 14 (der andern mannesstrophe) durch einen kunstvollen-refrain verbunden ist: soll man dessen erfindung einem nachdichter zuschreiben?

Immerhin darf die überlieferung des liedes in B bezüglich des strophenbestandes nicht mit unbedingter sicherheit als besser betrachtet werden. Was ferner die verschiedenen lesarten angeht, so hat Bartsch in v. 180 (= MF 131, 21) mit recht die lesart von B zu grunde gelegt: *daz si in sô schône grüezent wol* (= *wal : bal*, Weinhold § 30) und zu dem in C überlieferten und von Haupt aufgenommenen: *daz si in grüezent über al* bemerkt, es sei offenbare änderung, um *wal* zu entfernen. Derselbe hat in v. 166 (= MF 131, 7) das echte *nat* (: *bat*) hergestellt (Weinhold § 179); beide hss. haben *nas*. Das vorkommen dieser formen spricht, wie Gottschau (374) richtig bemerkt, für die echtheit des liedes, welche wegen der reime *niht : siht* in beiden mannesstrophen von Pfeiffer, Germ. III 504, angefochten worden war. Dazu ist aber ausserdem zu bemerken, dass das *niht* in v. 130, 35 nur konjektur von Haupt ist: B hat die vv. 35 und 36 in der verdorbenen gestalt: *das mir in der welt niemen lieber sîn*; und in v. 131, 13 liest C allerdings: *ich fluoche in unde schadet in niht*, dagegen B, deren text ja auch 131, 21 dem originale näher steht: *und ich fluoche in unde schadet in das*. Nun dürfte es zwar sehr schwer sein, an beiden stellen im anschlusse an B einen text mit einem reim auf *sêt* herzustellen (denn so sagt ja Morungen durchweg statt des oberdeutschen *siht* (s. § 6), weswegen auch Gottschaus vorschlag, *niet : siet* zu lesen, nicht annehmbar ist); aber jedenfalls ist die möglichkeit nicht ausgeschlossen, dass die lesart von C in v. 131, 13, so gut wie in v. 21, auf einem emendationsversuche beruht und B einen nur zufällig, nicht willkürlich veränderten, mithin verhältnismässig besseren text bietet. Wie starke textverderbnisse in beiden hss. angenommen werden dürfen, haben ja die untersuchungen des ersten kapitels gezeigt.

Uebrigens würde nach B der 5. vers in allen 4 strophen fünfhebig herzustellen sein: in der 3. und 4. ist er so überliefert, in der 2. könnte man lesen: *dô er mich ⟨mîn⟩ trûren lâzen bat,* und in der 1. ist der kritiker ja ohnehin auf mehr oder weniger wahrscheinliche vermutungen angewiesen.

Zwischen dem ersten und dem zweiten liede dieses fünften stückes findet sich in B ein bruchstück von anderthalb strophen (B 16), das dem von C im vierten stücke überlieferten liede 127, 34 angehört (= 128, 21—34), und zwar so, dass auf die stollen der (in C) 4. strophe jenes liedes (25—30) erst der abgesang der 3. (21—24), dann derjenige der 4. strophe (31—34) folgt. Da nun ausserdem noch die lesarten beider hss. an vielen stellen voneinander abweichen, so liegt auf der hand, dass B 16 aus einer ganz andern quelle geflossen sein muss als alle übrigen in B und C gemeinsam überlieferten strophen (so urteilt auch Gottschau 349). Dass es aber nicht nur eine andere, sondern auch eine reinere quelle war, beweist eine nähere betrachtung der varianten: 128, 25—26 *lachen unde schônes sehen und guot* B: *ir lachen und ir schône ansehen und ir guot* C; alle drei *ir* in C sind, mit B, zu streichen, weil durch das erste und das dritte das versmass verletzt wird. Desgleichen ist mit B, um des wohllauts willen, *schoenez sehen* zu schreiben; in C (*schône ansehen*) ist die hochtonige silbe *an* in die unbetonte versstelle gerückt, was zu einer am schlusse des verses sehr hässlich klingenden schwebenden betonung nötigt. Dasselbe gilt von v. 32 *gerne sach* B: *gerne ansach* C. Auch v. 28 ist in B metrisch richtig, in C dagegen um zwei silben zu lang überliefert: *der sündet sich : fürwâr der sündet sich*. In v. 24 verletzt C den reim: *mê* B: *mêr* C.

An folgenden stellen steht wenigstens nichts im wege, die lesarten von B zu bevorzugen: 22 *verlorne : vorlornen* (Weinhold § 519), 24 *ich überwinde : in verklage*, 26 *gelaeze hât ertoeret : gebaerde hânt betoeret*, 27 *mir ist anders niht geschehen : in kan anders niht verjehen*, 28 *rüemens : ruomes*, 30 *unde : und dien*. Nur das *owê* des v. 31 ist in B aus versehen an den schluss des v. 34 geraten, was aber bei der verwirrung, die B, oder ihre quelle in der reihenfolge der strophen angerichtet hat, nicht wunder nehmen darf und mit der trümmerhaften überlieferung des ganzen zu entschuldigen ist; dieses versehen aber scheint dann die änderung in v. 34 *mir wart* (statt des echten *mir enwart*, wie C liest) nach sich gezogen zu haben: der vers würde sonst eine hebung zu viel gehabt haben.

Das zweite lied des fünften stückes ist das in § 6 besprochene 131, 25. Hier stehen B und C sich wieder ganz nahe, nur dass B einmal die durch A bezeugte echte lesart bewahrt hat: 132, 19 *si herzeliebe heizent* B: *diu herzeliebe heizet* C, und an einer anderen stelle dem originale wenigstens näher steht als C: 21 *liebe von mir dicke in minen sinnen* A: *herzeliebe wont in minem sinne* B: *herzeliebe wont mir in dem sinne* C. Vergl. hierüber, sowie über v. 22 (*hân* B: *het* C) und v. 15 (*klaget* B: *klagen* C) § 6, auch § 14. — Dass B in v. 20 den schreibfehler *liebe* mit A teilt (C richtig: *leide*) und 131, 29 den in C begangenen schreibfehler *si* vermeidet (A und B richtig: *ich*), ist offenbar zufall.

Vor dem dritten liede des fünften stückes, 132, 27, giebt B die unechte strophe 22 allein (s. § 14) und geht in der anordnung der drei echten strophen, wie schon in § 7 angemerkt worden ist, nicht mit C, sondern mit A. 132, 28 hat B: *kan*, C: *koende*; beides ist übrigens falsch; denn A liest: *solte*.

Das sechste stück endlich bilden die beiden lieder 133, 13 und 134, 6. Sie sind in B hinter den liedern Dietmars von Aist überliefert, zeigen jedoch einen ganz andern stil als dessen übrige lieder; insbesondere spricht die anwendung des daktylischen rhythmus in B 17 und 18 und der md. reim *krôn ist : schônist : lônist* in B 18 gegen Dietmars verfasserschaft. Weinhold § 313, Pfeiffer, Germ. III 503, Gottschau 350.

Auch sonst zeigt B sich schlechter unterrichtet als C: die 1. und 4. strophe des ersten liedes fehlen in ihr, ohne dass sich das geringste gegen die echtheit dieser beiden strophen geltend machen liesse. — Und nicht viel anders steht es mit dem texte der gemeinsam erhaltenen strophen: zwar fehlt C an drei stellen gegen den daktylischen rhythmus: 133, 21 *maniger der sprichet nu seht* B: *menger sprichet seht* C, 24 *aldô*: *dô*, 27 *diu mich sanges betwinget*: *diu sanges*

mich twinget (über Haupts falsche konjektur *verdringet*
s. Paul 549 f.); aber auch B trifft dieser vorwurf an
einer stelle: 35 *mir vrowe* B: *vrouwe mir* C. Und
vollends, wo die abweichungen den sinn betreffen, ist
C überall vorzuziehen, nämlich 31 *schoene unde schoene
diu liebe aller schoenest* B: *schoene unde schoene unde
schoene aller schônist* C, 32 *hoere : muoz*, 34 *gerne
sehen : flêhen*. In diesem letzten falle ist freilich in C eine
lücke anzusetzen, die aber schwerlich durch das aus-
fallen des in B überlieferten *gerne* entstanden sein dürfte;
denn dies passt zwar gut zu *sehen*, aber recht schlecht
zu *flêhen*. Von diesen beiden verben nun aber muss
das letztere jedenfalls für echt gelten, zwar nicht
wegen des rührenden reims in B, 30 *gesên*: 34 *sên*,
da auch die vv. 32 und 36 (*jên : verjên*) und in der
vorigen strophe 23 und 27 (*twinget : betwinget*) rührend
gereimt sind (Gottschau 347 und 373), wohl aber 1)
wegen des hülfsverbums *sol* in v. 33 und 2) wegen
der vv. 35 und 36. Zieht man nämlich auch die les-
art von B in v. 32 (*des hoere ich ir jehen*) in betracht,
so ist der gedankengang der strophe in B etwa fol-
gender: „Ich höre die leute die schönheit meiner herrin
überschwenglich preisen, und jedermann sieht sie um
ihrer schönheit willen gerne" — d. h. so sollte man's
erwarten; statt dessen aber steht da: „jedermann soll
(oder wird) sie um ihrer schönheit willen gerne sehen",
was nach den vv. 29—32 immer wunderlich heraus-
kommt, ob man nun *sol* imperativisch oder futurisch
auffasst. Hierauf nun redet der dichter plötzlich ganz
unvermittelt die dame selbst in zwei zeilen an, kehrt
aber in der darauf folgenden 4. strophe, ebenso unver-

mittelt, zu der früheren redeweise zurück, nach der
er, wie gewöhnlich, in der 3. person von ihr ge-
sprochen hatte.

Nun lese man mit C in v. 32 *des muoz ich ir
jên* und in v. 34 *flên*, und alle jene bedenken sind so-
fort beseitigt: nun preist der dichter selbst die schön-
heit seiner herrin und fordert alle welt auf, sie bei
dieser ihrer schönheit so zu beschwören: „*noch waere
zît . . . verjên*". Selbstverständlich wünscht er sich da-
mit nicht, wie Schütze (s. 8) meint, alle welt zu rivalen;
sondern so wie er in der str. 146, 3 alle seine freunde
auffordert, ihm singen zu helfen, und sie bittet: *schrîet
daz mîn smerze mîner frouwen herze breche und in ir
ôren gê*, so will er auch hier, dass die ganze gesell-
schaft nicht nur mit seinen worten, sondern natürlich
auch in seinem namen die ebenso harthörige wie hart-
herzige dame anflehe. (Vergl. auch 127, 15 f. *nu der
schal ist dicke vor ir manicvalt von mîner nôt*). Vor
flên wird also ursprünglich *für mich* oder etwas ähn-
liches gestanden haben; aber in der für B und C ge-
meinsamen urschrift war es bereits ausgefallen, und
während C diesen zustand der überlieferung noch heute
für uns repräsentiert, liegt in B ein versuch vor, dem
zu kurz gewordenen verse, selbst auf kosten des sinnes,
seine richtige länge wiederzugeben. Vermutlich zog
dann diese willkürliche veränderung auch die des v. 32
nach sich. — Noch sind drei andere varianten anzu-
merken: v. 36 *kan* B: *hân* C; hier liegt in B gewiss
nur ein lese- oder schreibfehler vor; 33 *welte si sol*:
wel sol sie; 26 *huop si mich*: *huop ich si*; beides be-
deutet genau dasselbe; mhd. wb. I 643 b 2, 644 a 5.

In dem zweiten liede des sechsten stückes finden sich an drei stellen verschiedene lesarten: v. 6 ist in C um die silbe *des* (vor *habent*) zu lang, in den vv. 9 und 10 redet der dichter die *Minne* nach B in der 2. plur., nach C in der 2. sing. an: *gebent* : *gib*; *teilent si ir* : *teil ir si*. Das letztere ist wohl, als das ältere, vorzuziehen.

Auf grund seiner erörterungen über die hsliche überlieferung kommt Gottschau bezüglich der hss. B und C zu folgendem endurteil (s. 349): B und die erste hälfte von C seien aus einer gemeinsamen quelle geflossen; doch habe B aus derselben vermutlich die stücke II, IV und VI, sowie str. C 20 = MF 126, 16 weggelassen (denn für das stück VI nimmt er (s. 347) wegen der eben besprochenen abweichungen in dem liede 133, 13 verschiedene vorlagen an); dagegen habe B die strophen B 16 und B 22 [und natürlich auch die dem stücke VI entsprechenden drei strophen unter Dietmar] aus andern quellen hinzugefügt; andererseits habe C wohl die str. B 12 (= 130, 31) übersehen.

Gegen diese annahme müssen jedoch, teils von vornherein, teils auf grund der vorstehenden untersuchungen, verschiedene schwere bedenken erhoben werden. Vor allem nämlich ist nicht leicht einzusehen, aus welchem grunde B aus der in der gemeinsamen quelle bereits geschlossen vorliegenden überlieferung grade jene drei stücke sollte weggelassen haben. Vielmehr hat die urschrift jedenfalls nur die stücke I, III, V und VI umfasst, und erst nachdem die zweige β und γ aus ihr als ihrem gemeinsamen stamme entsprossen waren, wurde der strophenbestand des zweiges γ, dessen jüngster sprosse unsere hs. C ist, im laufe der zeit um die eingeschobenen stücke II und IV und das angehängte stück VII vermehrt und vielleicht — infolge eines versehens — um die str. 130, 31 (= B 12) vermindert. Dagegen flossen der sammlung des zweiges β, der in unserer hs. B endigt, nur anderthalb strophen (B 16) aus einer andern quelle zu und wurden an beliebiger stelle zwischen zwei liedern eingeschoben, die str. B 22 aber, und vielleicht auch B 12, wurde wohl aus eigenen mitteln hinzugedichtet. Andererseits gingen in β drei strophen mit der zeit verloren: 126, 16 (= C 20) und die 1. und 4. strophe des liedes 133, 13 (= C 46 und 49). Dieser letztere verlust hängt vielleicht zusammen mit der trennung der gewiss ursprünglich zu einem stücke verbunden gewesenen stücke V und VI, die man sich etwa so erklären kann, dass das blatt, auf dem die lieder 133, 13 und 134, 6 standen, in einer hs. der reihe β losgerissen und an einer falschen stelle, bei den liedern Dietmars von Aist, wieder hineingelegt worden war. Denn um der verschiedenen lesarten willen mit Gottschau eine besondere quelle für das stück VI, wie es in B vorliegt, anzunehmen, ist deshalb nicht nötig, weil man die abweichungen der beiden hss. im texte, wie oben geschehen ist, auch unter der voraussetzung einer gemeinsamen urschrift genügend erklären kann. Aber freilich ist — bei aller übereinstimmung — die selbständigkeit der beiden hss., nicht bloss im sechsten, sondern auch im fünften stücke, so gross, dass man sie jedenfalls nicht, wie etwa C und

C^a (§ 20), als aus einer und derselben vorlage abgeschrieben ansehen darf, vielmehr zwischen jeder von ihnen und der urschrift mittelglieder annehmen muss, was im vorstehenden durch die anwendung der buchstaben β und γ angedeutet worden ist.

§ 16.
Die handschrift p.

Zwei strophen des in § 9 besprochenen liedes 136, 25—137, 9 (Bartsch 264—279) sind ausser in A und in C auch in einer Berner hs. aus der 2. hälfte des 14. jdts. überliefert, die Lachmann mit p bezeichnet hat, und zwar ist A 4 = C 60 = p 17 und A 6 = C 61 = p 18. Vergl. Graffs Diutiska II 261, Wackernagel, zfda IV 479. Michel 159, 191, 196, 252, 267, Gottschau 378, Schütze 37.

Wenn nun in § 9 gezeigt werden konnte, dass grade bei diesem liede die verschiedenen lesarten in A und C von ziemlich gleicher güte sind, so bieten die in p ein um so deutlicheres bild einer gründlichen verwüstung des ursprünglichen textes. Nirgends geht p mit A gegen C, an zwei stellen mit C gegen A, an allen übrigen allein gegen A und C. 137,2 steht nämlich in A: *bilde,* in C und p: *wünne,* 136, 37—38 in A: *die der frouwen hüetent, den,* in C und p: *swer der frouwen hüetet, dem;* nur dass hier in p statt der älteren form *swer* bereits die jüngere *wer* eingedrungen ist, die jene im 15. jdt. ganz verdrängt hat. (Weinhold, mhd. gr. § 496.) Im übrigen lauten die vv. 136, 27—30 in p folgendermassen: *we der huote die der welte so liehten schîn an ir hât benomen daz man siu sô selten schouwen lât sam die sunne diu des âbendes under gât,* und die vv. 136, 39 — 137, 3 *wanne durch schouwen liez si werden got den man daz siu waere ein spiegel ob aller der welte ein wunne gar waz sol golt begraben daz sîn nieman werde gewar.* Diese lesarten verletzen nicht nur wiederholt das versmass, sondern es erheben sich, wenigstens gegen die in der ersten strophe, auch sachliche bedenken.

Zunächst zwar ist einzuräumen, dass der gedanke in v. 136, 29 so, wie ihn A und C übereinstimmend geben, gegen die regeln einer strengen logik verstösst; denn die hüter haben natürlich dem dichter nicht be - nommen, dass er die geliebte nur selten zu sehen bekommt, sondern sie haben dies gerade bewirkt. Und diese schwierigkeit ist in p in der that vermieden, da das *benomen* dort ein anderes objekt hat; dafür passt aber der konsekutivsatz in der 2. hälfte des v. 29, gleichviel ob in der einen oder in der andern fassung, so wenig zu der lesart in p, dass man damit vielmehr, was folgerichtigkeit der gedanken betrifft, aus dem regen in die traufe kommt. Denn jeder, der die vv. 27 — 29 in der fassung von p liest, wird doch wohl zunächst unwillkürlich das *daz* in v. 29 auf das *sô* in v. 28 zurückbeziehen und nicht auf das *wê* in v. 27, was allerdings nicht unmöglich ist und vielleicht der absicht des bearbeiters entspricht. Es liegt also in p wohl nur ein misslungener versuch vor, den verstoss gegen die logik, den A und C enthalten, zu beseitigen; derselbe dürfte indessen zu entschuldigen sein; denn der vorliegende fall ist nur wenig verschieden von den beispielen pleonastischer negation in nebensätzen nach begriffen des leugnens, hinderns, abwendens und dergl., die Paul in der mhd. gramm. § 339 und § 371 zusammengestellt hat.

Wenn p ferner statt *sêt* in v. 29 *schouwen lât* bietet, so ist der grund für diese änderung leicht einzusehen: die md. form wurde von den oberdeutschen entweder gar nicht verstanden oder sie war ihnen doch nicht mundgerecht, wie denn auch der schreiber der hs. A an eben dieser stelle ganz ohne rücksicht auf den reim das ihm geläufige *siht* hingeschrieben hat. Reimen sollten sich nun aber die verse doch, und so war denn, weil für *gêt* auch *gât* zur verfügung stand, das *schouwen lât* bald gefunden.

Es ist aber in p nicht nur der text des liedes arg entstellt, sondern auch die in A an zweiter, in C an dritter stelle überlieferte strophe ganz weggeblieben. Statt ihrer giebt p eine andere (19), die weder in A noch in C steht und ganz gewiss nicht von Morungen herrührt. Zunächst nämlich fällt es gleich beim ersten blicke auf, dass die erste und dritte zeile gar nicht gereimt sind; der verfasser der strophe hatte also entweder gar nicht bemerkt, dass die echten strophen an den entsprechenden stellen einen reim bieten (und das konnte leicht geschehen, da man in den hss. die zeilen nicht abzusetzen pflegte), oder seine kunst reichte nicht aus, das erforderliche zu leisten. Lachmanns versuch, diesem mangel abzuhelfen, ist sehr kühn; und wenn er die strophe trotzdem noch für „allenfalls echt" erklären durfte, so wird nach Gottschaus und Schützes ausführungen niemand mehr diese ansicht teilen können.

v. 8 ist nicht nur wegen des hässlichen schlagreims *frouwen schouwen*, sondern vor allem deswegen zu bemängeln, weil man um des sinnes willen genötigt ist, aus den worten *unde lâzen âne twanc* auch zu *schouwen* ein *lâzen* zu ergänzen; v. 9 aber hat erstens fehlerhaften auftakt (bei Lachmanns änderung *ein[e] sicche* würde sich wegen der sinnwidrigen betonung *ich sach* eine neue schwierigkeit erheben), und zweitens stört der unschöne daktylus *sicche verbóten*.

Vor allem aber steht der gedanke der str. p 19: „bewachung ist nutzlos; denn das verbot reizt erst recht zur übertretung" völlig ausserhalb des gedankenkreises, in dem sich die echten strophen bewegen, und vernichtet gradezu mit seiner frivolität und seiner so viel tiefer stehenden auffassung von der geliebten den eindruck des schönen liedes, in dem der dichter in mächtigem zorne den bannfluch schleudert gegen die hüter, die sich an Gott und der natur versündigen. (Gottschaus annahme eines widerspruches der gedanken innerhalb der str. p 19 selbst trifft freilich nicht zu, da er die vv. 6 und 7, wie unten gezeigt werden wird, falsch erklärt).

Ist aber p 19 unecht, so ist auch Michels ansicht unhaltbar, Morungen habe in diesem liede ein gedicht eines troubadours, des grafen Wilhelm des IX. von Poitou, nachgeahmt oder gar „bearbeitet". Denn wie aus Michels eigenen ausführungen hervorgeht, haben Morungens drei echte strophen mit dem liede des troubadours nichts weiter gemeinsam, als dass beide von der *huote* handeln. Aber selbst die str. p 19 verdanken wir nicht, wie Michel meint, einer nachahmung des grafen von Poitou. Der troubadour sagt nämlich: „Ich habe nie eine frau gesehen, sie sei auch von so grosser treue, dass sie sich durchaus nicht auf unterhandlungen irgend welcher art einlassen wollte, die nicht dann mit der schlechtigkeit einen vertrag eingehen würde, wenn man sie von der tugend fernhält. Und wenn ihr ihr die gute rüstung verteuert, so versieht sie sich mit der ersten besten; wenn sie nicht ein edles ross haben kann, verschafft sie sich ein gewöhnliches pferd. Drum denke keiner, dass er sie mir je entfremde; wenn man ihr wegen krankheit starken wein verboten hätte, würde sie dann nicht eher wasser trinken, als dass sie vor durst sterben wollte?" (Nach Michel). Allen diesen sätzen liegt die vorstellung von einem gegensatze zu grunde zwischen dem guten, das man der dame versagt, und dem schlechten, zu dem sie dann notgedrungen greift. Dagegen giebt die deutsche strophe nur dem gedanken ausdruck: „Zwang macht selbst zuverlässige frauen in ihrer treue wankend; denn grade im verbot liegt ein reiz zur übertretung, wie denn ein kranker, dem der arzt wasser zu trinken verboten hat, nur um so lebhafter danach verlangt." Dort, im gleichnisse des troubadours, wird also das wasser getrunken, weil der wein verboten ist: hier wird das wasser getrunken, weil es nicht getrunken werden soll. Noch anders wiederum ist der gedanke an folgenden zwei stellen gewendet, die Michel auch anführt: Freidanc 136, 10 *verstolniu wazzer süezer sint dan offen wîn, jehent diu kint*, und Graf Albrecht von Heigerloh, MSH I 24 a: *verboten wazzer bezzer sint den offen wîn, des hoer ich jehen*. Hier ist der wein, das bessere, sogar erlaubt, und doch wird das wasser, das schlechtere, grade weil es verboten ist, gewählt.

Am nächsten steht der str. p 19 unter allen von Michel angeführten stellen die aus den Sprüchen Salomos IX 17 *aquae furtivae dulciores sunt*; doch fehlt hier wiederum die erwähnung des kranken; und auch dieser spruch ist für die worte *ich sach, daz eine sieche verboten wazzer tranc* nicht das vorbild gewesen, sondern ein vers Ovids, der amor. III 4, 17 f. sagt:

nitimur in vetitum semper cupimusque negata:
sic interdictis imminet aeger aquis.

Auch die worte *ich sach* sind aus Ovid übersetzt, der wenige zeilen vorher (v. 12) ein anderes gleichnis mit den worten *vidi ego nuper* einleitet. Aber auch die worte *man sol frouwen . . . lâzen âne tranc* erinnern an v. 33 *nec tamen ingenuam ius est servare puellam*, wie denn überhaupt Ovids ganzes gedicht beinahe nichts ist als eine ausführung des themas: *huote machet staete frouwen wankelmuot* — vorausgesetzt freilich, dass man diese worte nicht mit Gottschau erklärt: „die hut macht treue frauen in ihrer treue wankend, d. h. aus furcht vor der hut wagen sie nicht, dem geliebten die treue zu bewahren," sondern mit Michel: „indem man sie an die möglichkeit der untreue erinnert, können selbst treue ehefrauen wankelmütig werden." Dass aber diese letztere auffassung richtig und dass Ovids elegie die vorlage für die str. p 19 ist, wird durch die offenbare entlehnung des gleichnisses zur genüge erhärtet. Dieser thatsache gegenüber wird aber endlich auch der, den die oben angeführten gründe noch nicht überzeugt haben sollten, die unechtheit der strophe als unzweifelhaft bewiesen anerkennen müssen. Denn der gegensatz zwischen feuer und wasser kann nicht grösser sein als der zwischen dem frechen und blasierten tone, in dem Ovid dem beleidigten ehemanne die nutzlosigkeit der *custodia* klar zu machen sucht, und der vornehmen und idealen gesinnung, die aus Morungens leidenschaftlichem schelten und klagen über die *huote* spricht.

Während bei den strophen 17—19 in p kein verfasser genannt ist, steht über der str. p 1: *Her morung*. Graffs Diut. II 255, MF 147, 17—27. Michel 69 ff. und 80, Werner, afda VII 138, Schütze 13. Dieselbe ist zwar in keiner andern hs. erhalten, muss aber dennoch selbstverständlich als Morungens eigentum gelten, falls keine andern gründe gegen ihre echtheit sprechen. Das ist aber nicht der fall; im gegenteil entspricht der durch den reim gesicherte schwache dativ *minnen* in v. 2 (MF 147, 18) der gewohnheit Morungens, *minne* schwach zu deklinieren; vergl. das in § 5 zu 127, 10 und in § 6 zu 132, 19 gesagte. Haupt hat also mit unrecht das echte: *von rehter minnen* geändert in: *von rehten minnen*.

§ 17.

Die handschrift M.

Die strophe C 87 (MF 142, 19—25) ist auch in M, der Benedictbeuerner hs. lateinischer und deutscher lieder in München, auf blatt 61, überliefert. Vergl. Docens miscellaneen zur gesch. der teutschen litt. II 200, Carmina Burana, herausg. von Schmeller, s. 188 (no. 113 a). Martin, die Carmina Burana und die anfänge des deutschen minnesangs, in zfda XX 46—69; Paul 550; Schütze 52.

Der umstand, dass M keinen verfasser nennt, beweist nichts gegen die durch C bezeugte autorschaft Morungens; denn jene hs. macht überhaupt keinen dichter namhaft, wiewohl sich ausser unserer strophe noch sieben andere unter den carm. Bur. finden, die in andern hss. bekannten dichtern zugeschrieben werden, nämlich no. 164 a = Dietmar von Eist, MF 32, 1; no. 110 a = Reinmar, MF 177, 10; no. CLXXXVI a, 114 a, 131 a = Walther von der Vogelweide 14, 38; 51, 29; 51, 37 L.; 130 a = Neidhart von Reuenthal 11, 8 H.; 144 b = Otto von Botenlauben, MSH I 32 (C 21). Dabei ist zu beachten, dass M jedesmal nur eine strophe giebt, während die betreffenden lieder sonst ohne ausnahme mehrstrophig überliefert sind. Man darf also auch die beiden in C auf no. 87 folgenden strophen Morungens nicht deswegen für minder gut bezeugt halten, weil sie in M fehlen. Freilich sind die herausgeber über die zusammengehörigkeit dieser drei strophen, auch abgesehen von der überlieferung, nicht einerlei meinung: v. d. Hagen giebt sie zusammen als ein lied, Haupt trennt die beiden frauenstrophen (C 88 und 89) als selbständig ab, und Bartsch hat dieselben sogar allein — ohne C 87 — in seine sammlung aufgenommen. Haupt rechtfertigt sein verfahren in der anmerkung durch einen hinweis auf die abweichung in den reimen des abgesanges; C 87 ist nämlich gereimt: a b, a b, b w b, die beiden andern: a b, a b, c w c. Doch lässt sich hiergegen geltend machen, dass auch in dem zweistrophigen liede 137, 10 nicht genau die gleiche reimstellung durchgeführt ist; die 1. strophe ist dort gereimt; a b, a b, c b c, die zweite: a b, a b, c c c, dazu das geleit: d d d. (Vergleiche auch § 5).

Ein triftigerer grund zur trennung lässt sich aus dem inhalte der drei strophen herleiten: in der mannesstrophe erklärt der ritter, um eines vortrefflichen weibes willen seiner bisherigen unbeständigkeit entsagen zu wollen; in den frauenstrophen klagt aber die dame grade darüber, dass sie einem manne, der ihr bis jetzt treu gedient habe, gleichgültig geworden sei. Auf diesen unterschied in der situation hat Schütze richtig aufmerksam gemacht; derselbe hat aber auch ebenso richtig hervorgehoben, dass dennoch eine enge, innere beziehung zwischen der mannes- und den frauenstrophen obwaltet: „in beiden liedern zeigen sich mann und weib in geradem gegensatze zu der für die auffassung der höfischen gesellschaft charakteristischen unnatur der den geschlechtern eigenen natur gemäss dargestellt." Auch eine äussere beziehung ist unverkennbar: v. 23 *daz schaffet mir ein frouwe fruot*, v. 34 *seht, daz schaffet mir ein sendin nôt.* Wenn also auch die drei strophen kein einheitliches lied in dramatischer form bilden, wie 130, 31 und 143, 22, so gehören sie doch aufs engste zusammen.

Wenn nun die hs. M hier sowohl wie in den übrigen oben angeführten fällen nur je eine strophe wiedergiebt, so lässt sich diese erscheinung auf grund der ausführungen Martins über die entstehung der Benedictbeuerner sammlung leicht erklären. Martin weist nämlich nach, was Docen und Schmeller bereits vermutet hatten, dass die lateinischen lieder jener sammlung als originale zu betrachten sind, die meisten deutschen dagegen als nachbildungen, und zwar teils des inhalts und der form, was für die anonymen strophen gilt, teils nur der form, was bei den strophen bekannter dichter der fall ist. So hat Morungen die form jener drei strophen derjenigen eines gleichfalls dreistrophigen lateinischen frühlingsliedes (no. 113 bei Schmeller) entlehnt und — beiläufig bemerkt — mit nur sehr geringen veränderungen auch in dem liede 125, 19 angewendet. Ist nun die mischung lateinischer und deutscher lieder in den carm. Bur. so entstanden dass — wie Martin auf grund seiner untersuchungen annimmt — der besitzer einer lateinischen liedersammlung in diese die ihm bekannten deutschen nachbildungen eingetragen hat, so liegt auf der hand, dass in denjenigen fällen, wo nur formelle nachbildung vorlag, die eintragung je einer strophe völlig genügte, um die entlehnung zu veranschaulichen. Ein deutsches liederbuch neben dem lateinischen zusammenzubringen, lag also nicht in der absicht jenes sammlers; auch würde er in dem falle gut gethan haben, sich um authentische quellen zu bemühen; dass er dies nämlich nicht gethan, sondern die deutschen strophen aus dem gedächtnis oder, wie man sagt, aus dem volksmunde aufgezeichnet hat, lassen die verschiedenen lesarten deutlich erkennen. Grade im hinblick auf die strophe Morungens sagt Martin (s. 63): „die lesarten der CB sind weniger gut als die der liederhs. C, wie jene überhaupt eine schlechte überlieferung zeigen und auf ein nahes verhältnis zu den dichtern selbst durchaus nicht schliessen lassen. „Die varianten in C 87 = M 113a sind aber diese: 142, 20 *sunder lant daz meinet mir der muot* C: *und âne lant daz meine ich an dem* [lies: *den*] *muot* M, 21 *der: ern*, 22 *danc ir liebes: wol ir libe*, 23 *schaffet: machet, fruot: guot*, 24 *dur die sô wil ich starc sin: ih wil ir iemer mêr dienen*, 25 *wan in gesach: ih engesah, rehte guot: wol gemuot*.

Haupt folgt fast überall C; nur v. 21 kombiniert er — ohne not — beide hss. und schreibt: *dern*, und v. 22 liest er mit M: *wol ir libe*; *danc* ist aber jedenfalls besser als *wol*: der ritter dankt und verdankt es der dame, dass er glücklicher ist als je zuvor; und auch *liebes* ist wohl in C kein schreibfehler für *libe*; die worte wollen besagen: dank sei ihr dargebracht für all das liebe, angenehme, das sie mir erwiesen hat. In v. 20 glaubt Paul mit M *daz meine ich an den muot* lesen zu müssen; doch begründet er diese ansicht nicht, und es lässt sich auch schwer einsehen, was an der lesart von C tadelnswertes sein sollte.

Die lesarten der vv. 23 und 25 stehen im zusammenhange miteinander: in v. 23 wurde das originelle und durch die auch sonst in der strophe angewendete allitteration wirkungsvoll mit *frowe* verbundene, aber etwas altertümliche *fruot* durch das allgemeine *guot* verdrängt (wie in v. 20 *sunder* durch *ânc* und in v. 23 *schaffet* durch *machet*), und infolgedessen trat dann in v. 25 *wol gemuot* an die stelle des echten *rehte guot*, durch das die ganze vortrefflichkeit der dame am schlusse noch einmal mit nachdruck hervorgehoben wird, während jenes nur einen besondern zug, die gute gesinnung, bezeichnet. Auch durch den ausfall der begründenden konjunktion *wan* im anfange desselben v. 25 hat der text in M an kraft und deutlichkeit des ausdrucks verloren. Besonders lehrreich endlich ist die abweichung der hss. in v. 24: was M giebt, ist ein dürftiger ersatz für den bei mündlicher weiterverbreitung dem gedächtnisse entfallenen echten, in C erhaltenen text.

Die hs. M ist also für die textgestaltung der str. C 87 ohne jeden wert. Doch sei hier noch einer andern beziehung zwischen Morungen und den carm. Bur. gedacht. Zu dem liede 144, 17 bemerkt Paul: „144, 26 ff. ist mir die interpunktion unverständlich. Man setze hinter *sprechen* ein kolon, streiche das semikolon hinter *adamas* und setze ein komma hinter *mîn*." Pauls bedenken ist begründet; denn in Haupts texte stehen die worte: *ganzer tugende ein adamas* (v. 27) ausserhalb aller grammatischen konstruktion; aber sein vorschlag zur heilung dürfte doch nicht anzunehmen sein, da er, ebenso wie Haupt, die überlieferung ohne not verlässt. In C lautet nämlich v. 27: *si* [lies: *sist*] *ganzer tugende ein adamas.* Haupt wollte den fehlerhaften auftakt beseitigen; aber der dichter ist entschuldigt: v. 27 ist ein citat aus carm. Bur. s. 174, no. 94 a (= Docens misc. II s. 197), str. 1, v. 6. Die anknüpfung der vv. 28—30 an das vorhergehende durch die partikel *sô,* an der Paul vielleicht auch anstoss genommen hat, ist ebenso zu verstehen wie an der stelle 138, 27—29 *swenn ich eine bin, si schînt mir vor den ougen. sô bedunket mich, wie si gê dort her ze mir al dur die mûren; sô* ist etwa = nhd. *auch (ebenso).*

Uebrigens tritt auch die eigentliche bedeutung der worte *ich mac wol von schulden sprechen* (26) erst dann richtig hervor, wenn man weiss, dass der dichter mit ihnen ein citat einführt. (Ebenso 127, 39 *sô mac ich von schulden sprechen wol: ôwê* u. s. w. Gewiss enthalten auch dort die vv. 128, 1—4 ein citat, wie in demselben liede auch 128, 21—22 = Bartsch, liederd. XCVIII 124 ist).

So ist denn die hs. M doch nicht ganz ohne nutzen für die Morungenkritik; andererseits aber trägt jenes citat dazu bei, die oben ausgeführte ansicht als berechtigt erscheinen zu lassen, dass die deutschen strophen der carm. Bur. nach mündlicher tradition aufgezeichnet seien; denn nur wenn das lied no. 94 a damals in aller munde war, durfte Morungen bei seinen hörern und lesern auf ein verständnis seiner anspielung rechnen.

§ 18.
Die handschrift e.

e ist der anhang der in der 1. hälfte des 14. jdts. geschriebenen Würzburger hs. E. „Der Würzburger abschreiber hielt diesen anhang mit unrecht für gedichte Reinmars und setzte jedem liede *her Reymar* vor." Lachmann zu Walther, vorr. s. IX; derselbe bemerkt zu Walther 47, 36: „in e steht vor dem liede zwar *her reymar*, aber ebenso unrichtig als vor den meisten übrigen von 342—376: denn es ist ein anhang von liedern verschiedener dichter." Zu diesen dichtern gehört auch Morungen, und zwar sind es die vier strophen e 364—367 (MF 145, 1—32), die auf grund des zeugnisses von C für ihn in anspruch genommen werden müssen. Zwar giebt C nur die erste strophe, C 100 = e 364; doch ist an der echtheit der drei andern nicht zu zweifeln, zumal da Bartsch (Germ. III 304; vergl. auch Germ. XV 375) für die 1. und 3. strophe ein provençalisches vorbild (von unbekanntem verfasser) nachgewiesen hat. Vergl. auch Schütze 9.

In dieser beziehung also ist die überlieferung in e besser als die in C; dagegen ist in dieser wiederum der text nicht so verdorben. 145, 4 *so vil biz daz ez* C: *sô lange untz daz sîn hant* e; 6 *dâhte : gedâhte*; 8 *bî liebe leides : hertzeleides*. Hier verstossen die lesarten von e überall gegen das versmass, die von C nicht. Es wird also auch v. 2 mit C zu schreiben sein: *gesach* (e: *besach*). Doch kann man die überlieferung in e nicht schlecht nennen, da in den drei nicht in C erhaltenen strophen das zeugnis dieser hs. eigentlich nur an zwei stellen vermisst wird: v. 16 und v. 18 sind in e zu kurz; v. 16 schlägt Haupt vor zu lesen: *ir vil ⟨hôher⟩ freuden rîchez mündelîn*, Michel dagegen (s. 31): *ir vil ⟨rôtez,⟩ freuden rîchez mündelîn*; v. 18 hat Haupt *munt* in *mündelîn* geändert, um dem verse die richtige länge zu geben. An zwei stellen hat Haupt die überlieferung ohne not verlassen; v. 12 nämlich will Paul (550) gelesen wissen: *und ersach sich*, unter hinweis auf 144, 9—10; und in v. 11 ist das hsliche *da* ohne anstoss: Minne brachte meine herrin im traume dahin, wo ich schlief.

§ 19.
Die handschrift E.

Mit der überlieferung des eben besprochenen liedes 145, 1—32 hat diejenige des liedes 146, 11—147, 3 äusserlich einige ähnlichkeit: auch hier giebt C nur eine strophe, die dritte (C 103 = MF 146, 27), während in der Würzburger hs. das lied vierstrophig ist (E 20—23); auch hier ist Morungens verfasserschaft nur durch C bezeugt, während E das lied Walthern von der Vogelweide zuschreibt; auch hier weichen beide hss. im texte der gemeinsam überlieferten strophe (und zwar bedeutend) voneinander ab. Dennoch sind beide fälle ganz verschieden zu beurteilen. Zunächst sind sämtliche kritiker einig in dem zweifel an der echtheit des liedes 146, 11. Haupt beanstandet in der anmerkung den versschluss *ab ich* 146, 30, Pfeiffer Germ. III 504, den reim *hân : gewan* 146, 36 und 38 Michel 14, Gottschau 376 und Schütze 63 kommen gleichfalls aus verschiedenen gründen zu dem ergebnis, Morungen sei nicht der verfasser des liedes. Dabei haben aber Pfeiffer, Michel und Gottschau mit unrecht ihr verdammungsurteil auch auf das vorhergehende, im gleichen tone gedichtete, zweistrophige lied 145, 33 — 146, 10 (C 101—102) ausgedehnt. Haupt hat dasselbe mit recht von dem vierstrophigen getrennt, und Schütze ist mit überzeugenden gründen für seine echtheit eingetreten. Demnach ist anzunehmen, dass die str. C 103 (= E 22) als ein versprengtes bruchstück des in E vollständig erhaltenen liedes 146, 11 nur deswegen in C unter Morungens liedern hinter C 101 — 102 eingetragen worden ist, weil sie in demselben tone gedichtet war wie diese. Uebrigens ist Walther gewiss ebensowenig der verfasser dieses „durchaus mittelmässigen produktes" (Schütze 64) wie Morungen.

Was ferner die lesarten angeht, so lauten die vv. 146, 31—34 in C: *wiltu dîne jugende krœnen wol mit tugende sô wis mir genaedic süeze fruht und troeste mich dur dîne zuht,* dagegen in E: *wiltu dîner jugende komen gar zuo tugende sô tuo friunden friuntschaft schîn swie dir doch ze muote sî.* — Dazu bemerkt Haupt: „was E giebt, kann so, mit dem reime *schîn : sî,* nicht richtig sein, und der gedanke ist ärmlich." Der letztere vorwurf ist zwar richtig, trifft aber nicht bloss diese zeilen, sondern das ganze lied; jener reim dagegen dürfte doch vielleicht so anstössig nicht sein. Vergl. Weinhold § 217. Hat doch auch Haupt selbst bei Friedrich von Hausen, MF 44, 5 und 7, den reim *frî : mîn* sogar durch konjektur herzustellen für erlaubt gehalten. Anderseits nun sind in C die beiden letzten verse der strophe fünfhebig oder doch vierhebig mit auftakt (nämlich wenn man liest: *sô wis mir gnaedic süeze fruht unt troeste mich dur dîne zuht*). Beides ist metrisch falsch, und da nun ausserdem die verschiedenheit der lesarten in beiden hss. so stark ist, dass sie sich nicht als zufällig entstanden denken lässt, so trifft Haupts vermutung gewiss das richtige, in C sei, eben um jenen reim *schîn : sî* zu entfernen, der text willkürlich verändert worden.

§ 20.

Die handschrift Ca.

Mit Ca hat Haupt die dürftigen reste einer mit C „aus derselben urschrift stammenden" bilderhs. des 14. jdts. in Berlin bezeichnet: es sind die beiden äusseren doppelblätter eines quaternio; auf den beiden ersten blättern steht der anfang von Morungens liedern, wie C sie giebt, von MF 122, 1—129, 17, auf dem dritten der schluss, von 143, 17—147, 16, im ganzen 41 vollständig und 2 unvollständig erhaltene strophen. (Vergl. MF, vorr. s. V f.)

C und Ca stimmen fast wörtlich überein; die wenigen verschiedenen lesarten, die sich finden, sind teils durch schreib- oder lesefehler, teils durch geringe abweichungen in der aussprache veranlasst. Uebrigens ist Ca weniger sorgfältig geschrieben als C; dass sie in der auslassung des *ir* in v. 124, 7 mit A übereinstimmt (vergl. § 3), ist zufall.

KAPITEL III.
Gesamtergebnisse.

§ 21.
Textgeschichte.

Nach allen diesen untersuchungen lautet die antwort auf die in § 1 gestellten fragen folgendermassen:

Die thatsache, dass Morungens lieder in den einzelnen hss. in stark voneinander abweichenden gestalten auf uns gekommen sind, darf keineswegs aus einer über alle hss. gleichmässig verbreiteten trübung der tradition erklärt werden; vielmehr ist eine solche erst allmählich im laufe des 13. und 14. jdts. eingetreten, und die hss. sind in sehr verschiedenem grade von ihr befallen, und zwar um so stärker, je jünger sie sind.

Doch ist hier gleich einer auffallenden, wiewohl eigentlich nur scheinbaren ausnahme von dieser regel zu gedenken: die hs. M. nämlich enthält, obgleich sie vielleicht die älteste von allen ist, dennoch die str. 142, 19 in einer bereits völlig verdorbenen gestalt. Es ist aber schon in § 17 eine durchaus befriedigende erklärung dieser erscheinung gegeben worden: die carmina Burana, wenigstens die deutschen, sind offenbar nicht aus litterarischen quellen geflossen, sondern aus dem volksmunde aufgezeichnet worden. Wen es aber etwa unwahrscheinlich dünkt, dass ein lied im munde des volkes seine ursprüngliche gestalt so schnell einbüssen sollte, der sei auf ein in dieser beziehung sehr lehrreiches beispiel aus unsern tagen hingewiesen: auf die veränderungen, welche der text des Baumbachschen liedes von der Lindenwirtin, das vor etwa 15 jahren zum volksliede geworden ist, schon bis heute erfahren hat. Man vergleiche Baumbachs Lieder eines fahrenden Gesellen, 33. Tausend, 1893, s. 15 f. (die erste auflage erschien 1878) und Schauenburgs allgemeines deutsches kommersbuch, 50. auflage, ohne jahr, s. 579 f. Die vergleichung ergiebt folgende varianten: 1, 4 *hat mirs* Baumb.: *hats mir* komm.; 2, 1—3 *Angekreidet wird hier nicht, weils an Kreide uns gebricht, lacht die Wirtin heiter*: *Und die Wirtin lacht und spricht: In der Linde giebt es nicht Kreid' und Kerbholz leider*; 4, 6 *liebliche* : *schönste*; 5, 3 *lass mirs, trauter Wandrer*: *lass es mir zum Pfande*; 5, 6 *brannte heiss ein andrer*: *heiss ein andrer brannte*. — Hier sind die in wenigen jahren entstandenen und nunmehr im kommersbuche fixierten abweichungen der mündlichen tradition von der litterarischen mindestens ebenso stark wie in jener strophe Morungens.

Aber leider ist nun bei Morungens liedern auch die litterarische überlieferung nicht durchweg ein schutz gegen grobe entstellungen des originaltextes gewesen. Denn diejenigen, welche diese lieder sammelten und abschrieben, waren zum teil selbst poeten und hielten es für erlaubt, nicht bloss solche stellen im texte des alten dichters, die ihnen verdorben zu sein schienen, nach ihrer einsicht zu verbessern, sondern auch aus eigenen mitteln ganze strophen neu hinzuzudichten, sowie die reihenfolge und den wortlaut der altüberlieferten strophen nach gutdünken und geschmack zu verändern. Und da natürlich die mit jeder schriftlichen überlieferung notwendig verbundenen zufälligen entstellungen des textes auch nicht ausbleiben konnten, so darf es nicht wunder nehmen, wenn manches schöne, alte lied in den jüngeren hss. in einer fast bis zur unkenntlichkeit verwandelten gestalt auf uns gekommen ist.

Dieser zersetzungsprozess ist besonders bei dem in den drei hss. A, C und p überlieferten liede 136, 25 noch deutlich zu verfolgen (§§ 9 und 16). Ursprünglich bestand dieses lied aus vier strophen, von denen freilich die letzte, als geleitstrophe, nur in losem zusammenhange mit den drei andern stand (A). Bald aber wurde — sei es zufällig, sei es mit vorsatz — dieses geleit weggelassen, die ursprünglich 3. strophe an die 2. stelle gerückt, sowie der text an einigen stellen, wiewohl noch nicht sehr bedeutend, geändert (C). Dann aber fiel auch die nunmehr letzte strophe weg; an ihre stelle setzte ein recht schwacher poet, unter benutzung einer denselben stoff behandelnden elegie Ovids, aus eigenen mitteln eine neue strophe; und die entstellung des textes, die schon früher begonnen hatte, griff in den beiden noch übrigen alten strophen weiter und weiter um sich (p).

Wie der geologe aus den übereinander lagernden sedimenten die entwickelung eines beliebigen teils der erdoberfläche zu erkennen vermag, so kann hier der philologe auf grund einer vergleichenden betrachtung der hss. A, C und p die textgeschichte des liedes 136, 25 erschliessen.

Freilich ist nun dieses lied das einzige, bei dem eine direkte vergleichung dreier aufeinander folgender stadien des textes möglich ist; denn alle andern dreifach bezeugten lieder sind in den hss. A, B und C überliefert, und B und C stehen, wie in § 15 gezeigt worden ist, nicht über, sondern, wie zwei äste eines stammes, neben einander. Aber grade dieses verwandtschaftsverhältnis zwischen B und C berechtigt uns auch wieder zu rückschlüssen auf den zustand der überlieferung in ihrer gemeinsamen urschrift, so dass also auch hier die schicksale des Morungentextes durch drei entwickelungsstadien hindurch von uns verfolgt werden können. Und da bietet sich denn wieder dasselbe bild einer mit der zeit immer weiter um sich greifenden entstellung des originals. So muss das lied 126, 8 in der quelle von B und C noch vierstrophig gewesen sein, da C noch alle vier strophen enthält; in B aber sind nur noch drei überliefert. Ebenso muss jene quelle das lied 132, 27 noch, wie A, dreistrophig und mit der ursprünglichen strophenfolge enthalten haben: erst in B findet sich die unechte str. B 22 hinzugedichtet, die in C fehlt; und erst in C liegt die neue anordnung der strophen vor, während B die alte bewahrt hat.

Diese stetige zunahme der verschlechterung des textes lässt sich natürlich bei den nur zweifach bezeugten liedern nicht veranschaulichen; wohl aber hat sich auch hier gezeigt, dass immer die jüngere hs. einen schlechteren text enthält als die ältere.

Demnach ist die gesamte überlieferung der Morungischen lieder folgendermassen zu beurteilen:

1. Die hs. A giebt einen von willkürlichen veränderungen noch völlig freien text; ihre mängel sind nur von der art, wie sie jeder hslichen überlieferung anhaften; es sind 1) die ziemlich zahlreichen schreibfehler, 2) einige durch zufall oder nachlässigkeit entstandene wirkliche textverderbnisse, 3) der fragmentarische zustand der beiden letzten lieder (§§ 11 und 12). Aus einer mit A gleichwertigen, noch unbearbeiteten sammlung stammt vielleicht das fragment B 16 (§ 15).

2. Die hss. B und C (nebst Cª) enthalten einige lieder in einem stark verdorbenen zustande; und zwar ist derselbe in der hauptsache das ergebnis einer von jüngeren dichtern herrührenden bearbeitung, von der schon die gemeinsame urschrift dieser hss. nicht frei gewesen ist, und die sich auf dreierlei art äussert: 1) als hinzufügung neuer strophen, 2) als umänderung der altüberlieferten strophenfolge, 3) als verfälschung des ursprünglichen wortlautes. Dagegen ist die auslassung alter strophen wohl eher dem zufall zu verdanken, wie denn auch bei manchen umstellungen von strophen und veränderungen des wortlautes keine absicht gewaltet haben mag. Eine dritte quelle der textentstellung endlich ist das bestreben der sammler, alte schäden im texte durch konjektur zu heilen. — Die zahl der schreibfehler ist in B und in C viel geringer als in A.

3. Von den übrigen hss. lässt p erkennen, wie die willkürliche entstellung des textes auch in der 2. hälfte des 14. jdts. noch fortgesetzt worden ist. E und e dienen zur ergänzung zweier fragmente am schlusse von C; der text in E ist besser, der in e schlechter als der in C. M steht abseits von der rein litterarischen überlieferung.

§ 22.

Folgerungen für eine künftige ausgabe.

Wie nun diesem thatbestande gegenüber der moderne herausgeber sich zu verhalten hat, ist klar. Soweit die hs. A reicht, ist das original aus ihr allein zu rekonstruieren. Im übrigen muss mit der thatsache gerechnet werden, dass die jüngeren hss. zum teil interpolierte texte enthalten, und aufgabe der textkritik ist es, in jedem einzelnen verdächtigen falle das eigentum des dichters von dem des interpolators zu sondern. Wie etwa dabei zu verfahren sei, und welche vorstellungen man sich überhaupt von dem grade und dem umfange solcher textbearbeitungen zu machen habe, das ist an denjenigen liedern zu lernen, welche sowohl in veränderter als auch in unveränderter gestalt vorliegen, bei denen also noch gleichsam eine konfrontation zwischen dichter und nachdichter möglich ist.

Ein schwerer irrtum aber würde es sein, wenn man nun glauben wollte, die gesamte überlieferung, wie sie in den jüngeren hss. vorliegt, sei durchweg in derselben weise verfälscht. Denn erstens ist es schon an sich sehr wenig wahrscheinlich, dass jene interpolatoren den alten dichter lied für lied, so viel ihnen immer von ihm bekannt war, bearbeitet haben sollten: zweitens haben die untersuchungen des ersten kapitels gezeigt, dass durchaus nicht alle in A und in C gemeinsam überlieferten lieder in der jüngeren hs. in gleich hohem grade entstellt vorliegen (s. besonders § 10); drittens hat sich der text in C z. b. der hs. M gegenüber als durchaus einwandsfrei erwiesen.

Zu einer so geringen meinung also von dem werte unserer hss., wie Schütze sie sich irrtümlicherweise gebildet hat, sind wir durch nichts berechtigt, und nach wie vor wird die unterordnung des eigenen urteils unter die autorität der hslichen überlieferung oberster grundsatz jeder echten textkritik sein müssen, der in der regel nur dann verlassen werden darf, wenn jene überlieferung mit sich selber streitet.

Der zweck der vorstehenden untersuchungen würde erreicht sein, wenn es ihrem verfasser gelungen sein sollte, diesen grundsatz in der Morungenkritik Schütze gegenüber wieder in sein recht einzusetzen, das wahre verhältnis der hss. zu einander aufzudecken, die schönen lieder eines der besten mhd. dichter von manchem entstellenden zusatze späterer jahrzehnte zu reinigen und so einer künftigen ausgabe Morungens in einiger beziehung vorzuarbeiten. Doch versteht es sich bei der beschaffenheit unserer liederhss. von selbst, dass alles, was etwa an den ergebnissen dieser abhandlung richtig sein mag, auch über dieses nächste ziel hinaus für die textkritik unserer gesamten mhd. lyrik nicht ohne wert sein kann, wie denn andererseits der verfasser wegen der geflissentlichen beschränkung seiner untersuchungen auf einen einzelnen dichter getadelt zu werden fürchtet. Es ist wahr, eine für sich bestehende „Morungenkritik" giebt es eigentlich nicht, weil es keine „Morungenhandschriften" giebt: aber zu einem abschliessenden urteil über die liederhss. im ganzen führt doch auch wieder kein anderer weg als der von Benecke vorgezeichnete: „Je weiter man die hier angedeuteten gedanken verfolgt, desto mehr wird man sich überzeugen, dass jeder in die grösseren sammlungen eingetragene dichter einer eigenen untersuchung bedarf." (S. Pfeiffers vorwort zu seinem abdrucke der hs. B, s. XI.)

Zum schlusse aber sei, zur bestätigung eines hauptresultates dieser abhandlung, angeführt, was Roethe auf s. 144 seiner einleitung zu Reinmar von Zweter über die hs. A sagt. „Die verhältnismässig gute überlieferung in A lässt uns schwer empfinden, wie weit namentlich D und zum teil auch C vom echten texte Reinmars schon sich entfernen. A ist, obgleich nicht fehlerlos, in den drei strophen durchaus zu grunde zu legen."

Inhaltsübersicht.

§ 1. Einleitung . . . . 1— 10

Kapitel I. Die handschriften A und C.

§ 2. Allgemeines . . . . 11— 12
§ 3. *Min liebeste und ouch min ërste* 123, 10 . . . 12— 23
§ 4. *Von den elben wirt entsén* 126, 8 , ... 23— 30
§ 5. *Der só vil geriefe in einen touben walt* 127, 1 31— 39
§ 6. *Ich bin iemer ander und niht eine* 131, 25 . . 39— 52
§ 7. *Ist ir liep min leit und ungemach* 132, 27 . . . 52— 53
§ 8. *Owé war umbe volg ich* 136, 1 . . . . 53— 57
§ 9. *Diu vil guote* 136, 25 . . . . 57— 63
§ 10. *Frouwe wilt du mich genern* 137, 10 64
§ 11. *In só hóher swebender wünne* 125, 19 . . . 64— 66
§ 12. *Swer mir des verban, ob ich* 138, 25 . . . . 66— 68
§ 13. Ergebnisse . . . . 68— 70

Kapitel II. Die übrigen handschriften.

§ 14. Die hs. B: 1) ihr verhältnis zu A . . . . . 71— 73
§ 15. Die hs. B: 2) ihr verhältnis zu C . . . . . 74— 85
§ 16. Die handschrift p . . . . 85— 91
§ 17. Die handschrift M . . . . 92— 97
§ 18. Die handschrift e . . . . 98— 99
§ 19. Die handschrift E . . . . 99—101
§ 20. Die handschrift C^a 101

Kapitel III. Gesamtergebnisse.

§ 21. Textgeschichte . . . . 102—107
§ 22. Folgerungen für eine künftige ausgabe . . . . . 107—109

Lebensabriss.

Am 6. August 1866 wurde ich als drittes von fünf Kindern des Gutsbesitzers Gustav Lemcke und seiner Ehefrau Therese, geb. Boettcher, in Pommerensdorf bei Stettin geboren. Meine Eltern leben noch beide und zwar in Prenzlau, woselbst mein Vater Zuckerfabrikdirektor und Stadtrat ist. In der evangelischen Taufe erhielt ich die Namen Heinrich Julius Ernst. Den ersten Unterricht genoss ich im elterlichen Hause in Augustenfelde bei Prenzlau, wohin meine Eltern im Herbste des Jahres 1872 übergesiedelt waren. Von Michaelis 1875 an besuchte ich das Gymnasium zu Prenzlau, das ich zu Ostern 1885 mit dem Zeugnisse der Reife verliess. Konfirmiert wurde ich im Jahre 1882. Von Ostern 1885 an studierte ich drei Semester in Königsberg und neun Semester in Göttingen klassische und germanische Philologie. In Königsberg hörte ich die Professoren Baumgart, Friedlaender, Jeep, Jordan, Ludwich, Schade und Thiele, in Göttingen besuchte ich Vorlesungen, sowie Seminar- und andere Uebungen der Professoren Baumann, Dilthey, Heyne, von Kluckhohn, Wilhelm Meyer, Roethe, Sauppe und von Wilamowitz-Moellendorff. Allen diesen meinen verehrten Lehrern, insbesondere dem Herrn Geh. Reg.-Rat von Wilamowitz-Moellendorff, bin ich für unablässige Anregung und Förderung bei meinen Studien zum wärmsten Danke verpflichtet. Am 7. März 1891 legte ich vor der Königlichen wissenschaftlichen Prüfungskommission in Göttingen die Staatsprüfung pro facultate docendi ab und erhielt die Lehrbefähigung in den Fächern Griechisch, Lateinisch und Deutsch für alle Klassen der höheren Lehranstalten zugesprochen. Meine Probejahre als Kandidat des höheren Schulamts leistete ich in Stettin am König Wilhelms- und am Marienstifts-Gymnasium ab und wurde zu Ostern 1893 nach erlangter Anstellungsfähigkeit vom Königlichen Provinzialschulkollegium der Provinz Pommern in die Liste der Bewerber um eine Anstellung im höheren Schuldienste eingetragen. Dann erhielt ich eine Hauslehrerstelle im Hause des Herrn Grafen von Schwerin auf Schwerinsburg im Kreise Anklam, wurde zu Neujahr 1895 durch die Gnade Seiner Königlichen Hoheit des Grossherzogs von Sachsen als Privatlehrer Seiner Hoheit des Prinzen Bernhard Heinrich von Sachsen-Weimar nach Cassel berufen und siedelte zu Michaelis desselben Jahres in eben dieser Eigenschaft mit Seiner Hoheit dem Prinzen nach Jena über.

Zum Schlusse erfülle ich gern die angenehme Pflicht, Herrn Professor MICHELS in Jena für freundliche Durchsicht und wohlwollende Beurteilung meiner Promotionsschrift meinen aufrichtigen und verbindlichen Dank auszusprechen.